Friedrich Meinecke
DIE DEUTSCHE KATASTROPHE
本书根据赫茨费尔德(Hans Herzfeld)编《迈内克全集》
(斯图加特,克勒出版社 1969 年版)第八卷第三编
323—445 页所载《德国的浩劫》一书的原文译出

汉译世界学术名著丛书
（120年纪念版·珍藏本）
出 版 说 明

2017年2月11日，商务印书馆迎来120岁的生日。120年前，商务印书馆前贤怀揣文化救国的理想，抱持“昌明教育，开启民智”的使命，立足本土，放眼寰宇，以出版为津梁，沟通中西，为中国、为世界提供最富智慧的思想文化成果。无论世事白云苍狗，潮流左右激荡，甚至战火硝烟弥漫，始终践行学术报国之志，无改初心。

逐译世界各国学术名著，即其一端。早在20世纪初年便出版《原富》《天演论》等影响至今的代表性著作，1950年代后更致力于外国哲学和社会科学经典的译介，及至1980年代，辑为“汉译世界学术名著丛书”，汇涓为流，蔚为大观。丛书自1981年开始出版，历时三十余年，迄今已推出七百种，是我国现代出版史上规模最大、最为重要的学术翻译工程。

丛书所选之书，立场观点不囿于一派，学科领域不限于一门，皆为文明开启以来，各时代、各国家、各民族的思想与文化精粹，代表着人类已经到达过的精神境界。丛书系统译介世界学术经典，引领时代思想，为本土原创学术的发展提供丰富的文化滋养，为推动中国现代学术和现代化进程做出了突出的贡献。

为纪念商务印书馆成立120周年，我们整体推出“汉译世界学术名著丛书”120年纪念版的珍藏本，寄望既利于文化积累，又便于研读查考，同时向长期支持丛书出版的译者、编者和读者致以敬意。

两甲子后的今天，商务印书馆又站在了一个新的历史时间节点上。我们不仅要铭记先辈的身影和足迹，更须让我们的步伐充满新的时代精神。这是商务人代代相传的事业，更是与国家和民族的命运始终紧密相连的事业。我们责无旁贷，必须做好我们这代人的传承与创造，让我们的努力和成果不仅凝聚成民族文化的记忆，还能成为后来人可以接续的事业。唯此，才能不负前贤，无愧来者。

商务印书馆编辑部

2017年10月

译　　序

——评迈内克及其《德国的浩劫》

一

《德国的浩劫》一书的作者弗里德里希·迈内克(Friedrich Meinecke)是当代西方最负盛名的历史学家之一,顾治(G. P. Gooch)称之为第一次世界大战以后德国史学界最令人瞩目的人物;布赖萨赫(Ernst Breisach)也称他是当代德国历史主义的首席代言人。

迈内克于1863年10月30日生于萨茨威德尔(Salzwedel),1954年2月6日死于柏林。幼年时,迈内克曾目睹普法战争之后德军进入布兰登堡门的凯旋式;以后,他亲身经历了俾斯麦的统一、第二帝国的强盛及其经济的和工人群众运动的蓬勃发展、第一次世界大战、魏玛共和、第三帝国的兴亡、第二次世界大战以及战后德国的残破和分裂。他是少数见证了整整一个世纪德国历史的历史学家之一。

迈内克早年是德国历史学派大师德罗伊森(J. B. Droysen,1808—1884)的入室弟子,出入于这个学派多年。在他早期一系列的历史学著作中,主要包括19世纪初德意志民族反拿破仑侵略的解放战争（Befreiungskrieg）的历史及其领导者之一博因元帅（Feldmarschall von Boyen）的传记两卷。1901—1906年他任斯特拉斯堡大学教授，这时他的研究兴趣转移到政治理论和思想史方面来；1906—1914年他转任夫赖堡大学教授。这两座莱茵河畔的著名学府，使他有机会长期密切地与天主教会和法国文化相接触，并使他自己原来出身于普鲁士学派的思想越来越多地感染了自由主义的色彩。1914年他转任柏林大学终身教授。1859年德国历史学家西贝尔（Heinrich von Sybel，1817—1895）创办了有名的《历史杂志》（*Historische Zeitschrift*）。这个杂志上继兰克（Leopold von Ranke，1795—1886）的《历史政治杂志》（*Historisch-politische Zeitschrift*），成为从兰克以来一系相承的德国历史学派的大本营；西贝尔和特赖奇克（Heinrich von Treitschke，1834—1893）曾相继担任它的主编，把它作为宣扬德国民族精神的喉舌。1893年，主编职务由迈内克接班，从此他一直担任这个杂志的主编，长达四十年之久。

第一次世界大战以后，他在政治上拥护魏玛共和，观点也逐渐转变，对自己以往对国家理性（Staaträson）的信仰发生了动摇。早年他曾信仰第二帝国的统一理想和普鲁士的传统，把国家政权当作是道德理想的体现；但这时，西欧自由主义和法国文化逐渐在他的思想里占有了更重要的地位，他日益强调历史文化的人文价值或人道价值，并谴责权力政治。这时他已经预感到法西斯势力的兴起及其危害性，他察觉到国家理性（这其实是权力政治的别名）中的“恶魔”性因素一旦失控，就会造成严重的后果。他赞同社会民主党的政策，并主张与西方联盟，而不是对西方采取敌对立场；

但他仍然维护德国的民族本位文化，而不同意西方化。不久，法西斯当权，强化了思想专政，极力把绝对服从领袖这项原则贯彻到一切学术思想领域里去，历史学自然是首当其冲、在劫难逃。法西斯在思想上强行一致化(Gleichschaltung)，当然会遇到根深蒂固的德国传统史学的抵抗；而作为这一传统最重要的代表人物的迈内克，遂于1935年被解除了德国传统史学重镇《历史杂志》的主编职务。在法西斯专政时期，迈内克始终坚持自己的反法西斯观点，身心都受到损害。当时，他有许多朋友、同事和学生纷纷流亡国外；但他本人不肯流亡，因为他相信自己留在国内可以为德国人民和德国民族文化的传统更多作一些贡献。他和贝克(Ludwin Beck)将军是好友，对贝克参与1944年反希特勒的密谋是知情的，虽然他并未参加直接行动。

早期的迈内克是一个青年兰克派(Jungrankeaner)，这一派不同意以经济基础或物质基础来解释人类精神的历史，所以在本质上是一种唯心史观。他和兰普雷喜特(Karl Lamprecht，1856—1915)两位历史学家之间所进行的那场德国史学史上的有名论战，足以表明他当时的思想立场。他毕生的著作中，有一小部分是属于历史考订或纪事性质的，但大部分则是致力于探讨思想本身的历史的，这些著作背后透露出来的一种基本观点就是：思想或观念才构成为历史的动力。历史学中的“历史主义”(Historismus)一词，历来有着不同的用法和不同的含义[1]。迈内克认为在史学史

[1] 例如，波普尔(Karl Popper)所反对的那种历史主义(historicism)，指的是历史决定论；它和这里所说的历史主义是完全不同的两回事。——译注

上，是浪漫主义摒弃了古典意义的理性，从而开辟了历史主义的道路的。他本人之作为当代德国历史主义学派的主要代言人，也是在这种意义上。但是同时，由兰克奠基、中间经过德罗伊森、西贝尔和特赖奇克等人发扬光大而在西方史学界占统治地位的这一德国历史主义学派，也终于因法西斯的迫害而使它这位最后的代言人成为这一悠久的学派的鲁灵光殿。

十九、二十世纪之交，西方史学研究呈现了一次重点转移，从传统的以政治史为史学研究中心，转移到以研究思想文化史为史学研究中心。在这方面，迈内克也是其中代表人之一。这一次重点转移，和他本人前后的思想变化，同样都反映出德国历史学派本身内在的思想危机；相形之下，法西斯的迫害则只是一个外因。事实上，自从19世纪下半叶以来，德国上层知识分子所面临的问题就是如何解决或者调和如下三种相互矛盾着的潮流：即（一）日益强烈的、几乎是压倒一切的民族主义的国家理性，（二）随着迅速的工业化而来的、不断在壮大着的工人群众运动，（三）在十八九世纪之际达到其高峰的德国古典文化的传统。对于迈内克，正像对于他同时代的韦伯（Max Weber，1864—1920）、特罗什（Ernst Troeltsch，1865—1923）等人一样，他们一方面既眷恋着德国历史文化的传统，一方面又深切感到必须解决迫在眉睫的社会改革与进步的问题，并且同时使这二者还能适应强烈的民族主义情绪和利益。于是唯一的出路似乎就只有当时的社会民主主义。因而在第一次世界大战后，他们就转而赞成魏玛共和，实质上是走着一条温和的、保守的改良主义道路。在很大程度上，这也是《德国的浩劫》这本书所要解决的中心问题。

魏玛共和究竟应不应该、以及在多大程度上应该对法西斯的崛起和专政负责？是魏玛共和本身引致了法西斯专政，还是法西斯政权扼杀了魏玛共和？或者是两者兼而有之？把这个问题进一步推及于历史，那么人们就可以问：是德国的历史文化传统中有着某种“恶魔”式的因素，从中就产生了法西斯主义和法西斯政权吗？还是，法西斯对德国历史文化传统完全是一种外来的偶然因素，二者是风马牛不相及的两回事；也就是说，并不是德国历史文化传统引致了法西斯，而是法西斯摧残了德国历史文化传统。再进一步，这或许就可以追问到困扰了历来许多历史哲学家和历史科学家的一个问题：即，历史上的重大事变究竟是必然的呢？还是纯属偶然？迈内克对德国的浩劫的答案，采取的是后一种观点。他认为法西斯专政和德国的历史文化传统两者毫无瓜葛，法西斯专政对于德国完全是一个偶然的事件。而且在本书的结尾，他还深情地寄厚望于德国的古典文化，认为它是一剂医疗劫后创伤的灵丹妙药。

从兰克到迈内克的这段近代德国史学思想的主潮，通常被称为历史主义。这种历史主义已不仅仅是一种历史学研究的方法或观点，而且同时还是一种人生哲学、历史哲学和世界观。历史主义，在当时的德国，就意味着要摆脱或者背叛西方两千年来的“自然律”观念的支配或束缚。历史主义者企图以多样化的、丰富多彩的、内容上各不相同的具体历史经验，来取代认为世界上有着永恒的、绝对的、统一的、唯一的真理那种观念。在这一基本点上，迈内克和特罗什是同调；两位历史学家都认为，一切历史研究都是在特定的历史条件之下进行的，所以就要受到历史现实的制约，而不可能有脱离具体历史条件之外或之上的客观真理或普遍规律。这实

际上就取消了普遍的真理或真理的普遍性。于是，历史上所存在的一切就都只能是特定的、特殊的、个别的、个性化了的存在。此外，并不存在什么普遍性。在迈内克和兰普雷喜特的那场有名论战中，后者是站在实证主义的立场上攻击德国史学思想中的唯心主义传统的。迈内克虽然反对兰普雷喜特的实证主义思想，但同时也表现出他已不完全同意新兰克派的立场，他认为新兰克派在历史研究中标榜客观如实的态度，实际上是在回避道德伦理的和政治的义务。

兰克的思想中本来就包含有自由主义和保守主义两个方面。19世纪末的青年兰克派或新兰克派，主要的是继承了兰克的保守主义那一面，可以说他们更靠近于特赖奇克的民族主义倾向；而迈内克则更多地继承了兰克的自由主义那一面，在思想上可以说是更靠近于瑙曼（Friedrich Naumann，1860—1919）的政治社会路线。如果说迈内克早年曾是一个青年兰克派，那么中年的迈内克由于接受了西方自由主义的影响，就和正统的兰克学派有了分歧，并且由于他的自由主义思想而往往被人列入新康德学派。毫无疑问，在思想路线上，迈内克受到了新康德学派、特别是文德尔班（Wilhelm Windelband，1848—1915）、李凯尔特（Heinrich Rickert，1863—1936）、狄尔泰（Wilhelm Dilthey，1833—1911）和韦伯等人的影响。这些新康德学派的代表人物都着意于思想史的研究，而迈内克致力于思想史研究[①]又特别以自由主义和民族主义作为19

① 也有人（例如克尔（Eckart Kehr））认为迈内克之治思想史，是由于他面临着是拥护还是反对权力政治这一困境而企图逃避的一种表现。

世纪以来的两条主线，这一见解在本书中也有所阐发。这一重视思想史研究的倾向，对于德国乃至整个西方青年一代历史学家都有着很大的影响。例如，20世纪在西方史学界蔚为大观的法国年鉴派，就曾深受这一德国学派的思想影响，伊格斯(Georg Eggers)乃至认为不考虑德国历史学派的遗产，法国年鉴派就是不可想象的事。尽管年鉴派所谓的“理解”(comprendre)已经超越了他们之前的德国历史学派多少不免拘束于考据观念的那种“理解”(verstehen)的含义。

二

由兰克奠定的德国历史学派虽然以史料博洽、考据精详而闻名，但并非不讲究理论思维。不过这个学派理论思维的路数是针对黑格尔学派的路数而发的，并且与之背道而驰。黑格尔学派认为历史就是精神通过一系列辩证(黑格尔意义上的辩证)的历程而展开并实现它自己；反之，历史主义学派从兰克到德罗伊森、狄尔泰和迈内克都认为精神并不体现为一个辩证的过程，而是体现为个别化或个性化的形态。这就是说，历史是由许多个别的实体所构成的，每个个别实体的本身都有其内在的、独立的结构和意义，而绝非只是过眼烟云般的流变过程的一个阶段而已。每个个人是个体，每个国家、民族或社会也都是个体，所以他们或它们就都要服从个体化的原则。个体性或个性化的原则并非只是一种单纯的现象，它是一种深刻地植根于现实性之中的观念。

迈内克第一部重要的理论性著作《世界公民国度和民族国家》

(*Weltbürgertum und Nationalstaat*)于1908年问世,书中他对比了自由主义的世界公民(Weltbürger)的理想和黑格尔所宣扬的普鲁士的国家精神,探讨了两者之间的歧异。贯穿着这部书的中心思想是德国历史学派所强调的现实精神性(der realgeistige):即,国家乃是思想之个性化或个体化的体现,而且总的来说,普遍的观念也只能体现于具体的个性之中。显然地,这一历史主义的唯心史观过分强调了思想的功能,亦即观念之作为历史主体的功能,从而无视于盲目的物质力量在历史上所起的巨大作用。它也没有能很好地解释历史上所出现的一幕又一幕的"理性的狡猾"(die List der Vernunft)。而另一方面,德国历史学派也和西方的、尤其是英国的古典自由主义不同,他们认为个人的自由只能是置诸国家的框架之中才有意义。此外,根本就不存在像古典自由主义者所设想的那种绝对意义上的个人自由。此后的十年中,迈内克曾就这个主题写过二十多篇论文,于1918年结集为《普鲁士与德国》(*Preussen und Deutschland*)一书。

第一次大战摧毁了迈内克之希望能调和强权与精神这二者的向往,他多年的理想破灭了。大战后不久,他于1924年写成《近代史中国家理性的观念》(*Die Idee der Staaträson in der Neuern Geschichte*)一书,表现出他在这个问题上的深沉的幻灭感。此书所探讨的问题仍然是强权与道德两者的关系这一老问题,但在思路上则有所创新。他认识到了过去被奉之为神圣的国家政权,不仅可以创造文化,也同样可以毁灭文化。这时候,他对于强权中的"恶魔"因素已有了更深一层的看法。虽然他仍然在设想着所谓国家理性可以成为一座沟通政权(kratos)和道德(ethos)的桥梁,但在他内心的思想里却又毋宁说对此是颇为悲观的。这部书标志着他思想上的另一次转折，因为他已经明确察觉到 kratos 和 ethos 之间的悲剧性的冲突，那种冲突似乎是内在的、永恒的。所谓国家理性是不是有此权利可以只问目的、不择手段？或者说，我们在政治权威的利益之外和之上，是不是还有独立的道德准则？国家政权真的享有一种超乎个人理性之外和之上的理性和道德吗？这就是他这部书所要回答的问题。当然，他还不可能从根本上否定"国家理性"的神话，但他在大量考察了近代西方政治史和思想史之后，却达到了这样一个基本论点：国家权力的运用应该有一个限度，那就是应该以保护公民的权利和福利为其限度，而不可超出为这一目标所必需的限度之外。从而，他就力图以道德理想来为政治权力划定一条不可逾越的界限。

马基雅维里的《君王论》于 1513 年问世，它把政权的基础由神圣转到世俗，它向国家的内部去寻求国家的重心，而把道德理想和价值判断完全驱逐出政治思维的领域之外。《近代史中国家理性的观念》一书，则通过马基雅维里以后四个世纪的历史来探讨政治现实和道德理想的关系，作为他长期从事思想史研究的总结。全书的基本思想可以归结为：所谓国家的政治利益往往是和道德原则相矛盾、相冲突的。顾治高度评价了这部书，认为自从狄尔泰之后还没有一个学者能以如此丰富而又绵密的见解来分析人类的意识和行为的。然而在这里，在迈内克的身上也表现出了一场历史学家和理想主义者之间的人格分裂。作为一个理想主义者，他坚持认为从一个人的个性深处所得出的任何东西都不可能是不道德的；而作为一个历史学家，他又不能不痛苦地看到政治权力的现实需要总是毫无道德可言的。

第二次世界大战以前，他于1936年写成了另一部著作《历史主义的兴起》(*Die Entstehung des Historismus*)。这部书是从广泛的西方思想史背景上考察从启蒙运动的理性主义到兰克学派和浪漫主义的史学思想，并特别考察了对于启蒙运动的“人”的观念的背叛。他那基调仿佛是在说：一切时代和一切思想在上帝的眼中都是平等的、等值的。《世界公民国度和民族国家》一书预示着魏玛时代的到来，而《历史主义的兴起》一书则是伴随着魏玛时代的消逝。《历史主义的兴起》是作者一生史学事业最后的一部巨著，这一年他已73岁。此后的21年，他便以对德国历史文化进行反思式的观照而终其余年。这部书虽然被认为代表悠久的德国历史主义的一个思想高峰，但是他那个中心问题——即权力和道德的关系问题——却始终没有能得到很好的解决。他本人的基本倾向是要推崇个人和个性的尊严以及其中所孕育着的不断进步和不断发展的能力；这一倾向也始终是德国历史主义思潮的一个主要内容。这种意义上的历史主义，可以溯源于18世纪后期的康德和赫尔德(J. G. von Herder，1744—1803)，中间经过一个半世纪的演变，最后在迈内克的这部书里得到了详尽的阐发。这种历史主义的特征之一是，它不相信绝对价值或实证主义或客观规律。历史是人创造的；如果历史是被规定好了的话，那就谈不到人的创造了。

这种历史主义自然不免带有相对主义的乃至不可知论的色调。迈内克也感到了这个缺陷，所以他要努力维护个人良心的至高无上的地位，借此以弥补这种缺陷。所谓的国家理性——即法国人所称之为raisond'etat的，迈内克也在使用这个法文术语——

也就是马基雅维里主义，这种主义仅仅着眼于考察政治权力本身的运动规律，而把其他一切伦理的、道德的考虑置之于度外。但是它却恰好忽视了伦理道德正是人生之中、因而也是历史之中所不可或缺的一个组成部分。权力原则和道德理想这两者如何能统一的问题，就成为长年困恼着理想主义或唯心主义历史学家的一个中心问题。长期以来德国的理想主义或唯心主义的史学传统的解决办法是把国家认同于道德观念的体现，从而使两者得到统一。迈内克在 1908 年的《世界公民国度和民族国家》一书中，也是把德国的统一当作是民族国家观念的发展的结果。但是到了第一次世界大战以后，他已经摒弃了这一观点。《历史主义的兴起》广泛而深入地讨论了历史学的理论和方法论，重点在于强调历史现象的单一性和个别性，而不承认历史的发展有客观的规律。作为德国历史主义的晚期代言人，他虽然继承的是一个悠久的传统，然而他在书中随处都流露出来的思想彷徨，却表明了这个传统的危机。

三

第二次世界大战后的翌年，1946 年，迈内克以 83 岁的高龄写出他晚年的压卷之作《德国的浩劫》。这部书从两个世纪的德国历史文化背景着眼，对于导致法西斯专政的原因做出了自己的答案，它是思想史家的迈内克在历尽浩劫之后对德国历史文化所进行的反思和再评价。书中虽然并没有正面论述传统的德国历史学派，但在他对历史的重新理解和批判之中，却在很大程度上蕴含着这一点。这部书并非是鸿篇巨帙；它不是一部纪事的历史著作，而是一部出之以个人回忆、理解和感受形式的史论，或者说文化批评。如果说，每一个时代的历史著作也都是历史的一部分，是历史时代精神的记录；那么，每一个时代的史论或文化批评就同样也是历史的一部分，是历史时代精神的反省和自我批判。本书以个人的、非正式的、但不失为深刻的沉思的笔触，概括评论了自歌德时代的古典自由主义直到法西斯覆亡为止的德国思想文化的全景。作者不纠缠于考订细节、缕述史实，而是径直探讨一些重要历史线索背后的思想潮流。他这种论述思想文化史的演变的个人风格，是读者们在他的许多著作里所熟悉的，但是代表他晚年最成熟思想的这部史论，或许是其中最为典型的一部。在这部书里，历史真正的精髓和动力不是求之于社会的组织形态，而是求之于人们思想深处的观念。它又不只是一部史论，它同时还是历史学家本人暮年的思想总结。

问题的核心，我们或许可以这样表述：这场浩劫及其成因，是不是为德国文化的精神所独具、所固有？抑或，这一现象并不必然只限于德国文化，而是某种具有普遍历史意义的东西，也可以同样地为其他民族文化所共有？（难道其他民族就没有、或者不可能出现法西斯吗？）而且，是否随着希特勒及其纳粹党的破产，导致浩劫的因素就永远消失了？这些问题是值得深思的，是摆在德国的和世界的历史学家们面前必须给出答案的。这些因素之中，有哪些是应该溯源于民族性及其思想文化的素质的，又有哪些是应该归咎于特定的社会物质条件的？两者之间有其必然的内在联系吗？历史学家不能不认真加以考虑的，还有这样一个比较历史学的问题：何以其他同时代、同等发展水平、面临着同样的或类似的社会经济境况的民族国家，例如英国，在民族主义和社会主义——这是本书所特别指出在冲击着当代德国的两大浪潮——交相激荡之下，就可以较为平稳地渡过，而在德国却出现了纰漏，并终于引致了法西斯？迈内克本人对于德国民族的思想文化传统的感情是太深厚了，他不能承认法西斯专政是出自德国历史文化中的某种必然。他认为那无论在事实上还是在理论上，都完全是一幕偶然，和德国的历史文化丝毫没有瓜葛。然而，如果历史上的重大事变纯粹出于偶然，这又怎么可能说得通呢？迈内克对此所做的答案是：如果我们追溯历史，我们就可以发现这场浩劫的根源并不在德国的古典思想文化之中，而是在于人们对启蒙运动的理性主义和法国革命的乐观主义的幻灭。因此可以说，它并不是继承了德国古典文化，而是背叛了德国古典文化。因此，这就不是一个德国历史文化的问题，而是整个西方世界的历史文化的问题。希特勒及其纳粹党和德国的历史文化之间并没有任何内在的有机联系；所以它对德国就不是一幕必然，而是一幕偶然。例如，他举出了兴登堡个人的错误和弱点，等等。或者，从更深一层的思想文化背景来说，希特勒及其纳粹党的法西斯专政，乃是由于政权与精神文化、世界公民理想与民族国家利益互相冲突而未能一致的结果。迈内克本人似乎从来就不曾感到过（或者不肯承认）德国古典文化中的唯心主义思想传统会有什么内在的问题。在这一点上，他和同时代的特罗什就表现出明显的分歧。

迈内克在反对和谴责法西斯的同时，却全盘在为德国传统文化而辩护，并且是在辩护德国传统文化的全部。他从来没有想到过或指出过，其中也可能有某些东西有朝一日会成为德国的祸根。

他认为成为祸根而毒害了德国民族和人民的,完全在于普鲁士军国主义中那种马基雅维里的精神,而不是什么别的。他全心全意维护德国古典文化的理想,认为这一理想和法西斯的实践之间毫无共同之处。即使在德国民族最艰难困苦的岁月里,他也没有动摇过自己对德国历史文化传统的信心。他不肯承认在德国的历史文化传统里,正如在任何历史文化传统里一样,总是会有好的和坏的——尽管最微妙、最棘手而最难于解决的正好在于,好的和坏的往往是同一件事物的两个方面,是难分难解地纠缠在一起的。他虽然承认非理性的"恶魔"原则似乎在历史上起着主导作用,可是他又不承认它和德国古典文化传统之间有任何牵连。这个思想矛盾一直伴随着他的一生,并在他晚年定论的这部史论之中也随处有着鲜明的反映。当然,书中也表现出作者暮年以劫余之身对自己早年所信奉的教条以及早年对国家权力和伦理道德的一致性的那种乐观态度产生了怀疑;所以说起话来,早年那种充满信心的肯定语气已经消失了。无论如何,这部代表他晚年看法的书,其中所运用的思想方式和研究路数是有其特色的,并且是值得思想史的研究者参考和批判的。同时,作为作者个人的思想总结,它也不失为当代德国思想上和史学上一份有价值的文献。

也许,本书的中心论点可以换一种方式表述如下。二次大战结束时,西方思想界流行的看法是:希特勒国社党及其所造成的浩劫,乃是德国近代历史文化的必然产物。迈内克则挺身为德国历史文化而辩护;他要论证那只是出于历史的偶然,而非必然。这里就涉及到,历史上的重大事变究竟是出于偶然抑或出于必然这个问题。本书第八章专门讨论了历史中的偶然与必然。偶然论抹杀了历史发展的内在的合规律性，而必然论则又取消了人类意志的作用和价值。如果说，必然性是通过偶然性而表现的；那么也仍然需要回答：必然性何以要采取这样一场浩劫的偶然形式来表现它自己。迈内克的论述正面触及了这个问题，虽则远远未能真正解答这个问题。

迈内克一生追求的是能在互相矛盾和冲突着的思想之间找到调和，他要调和国家政权和个人价值、民族主义和自由主义、历史传统和社会进步、文化精英和劳动群众、德国精神和世界公民。这个工作在有些地方是做得比较好的，例如他提出唯有通过德国文化的民族化才能真正丰富世界的文化；另有的地方则远没有成功，例如他对歌德时代的古典文化就缺乏具体的分析。晚年的迈内克在经历了浩劫之后，痛定思痛，已经更深入地体会到了国家权力中的“恶魔”成分了；这时候，他仍能以一种真诚的人道主义的精神在向往着精神文化和政治权力之间可以达到一种更高的、更健全而美好的平衡和统一。全书的结论仍然念念不忘德国古典文化的永恒价值，寄希望于这一高度的精神文化能够东山再起，它不仅将复兴德国民族，并将对世界作出它的独特贡献。或许这可以看作是不失为一个历史学家的温柔敦厚之旨吧。对于一般读者，这种想法会多少予人以不切实际之感。但对于像迈内克那样一个从深厚的德国历史主义的土壤里成长起来的历史学家而言，这却正是须臾不可离弃的头等大事。

这部书许多地方闪烁着一种老年的成熟的智慧，然而它也难免老年人那种恋旧的心情，乃至一切都率由归章的思路。迈内克1954年去世，享年92岁，已来不及目睹第二次世界大战以后西方和全世界发生的一系列重大的历史变化。假如他能活到今天并能思考的话,书中的许多观点将无疑地会有所改变。或许在本书的结尾部分他就不会提出那些发思古之幽情式的建议,并把它们看作是德国民族精神生活的唯一出路了。然而作为事实、作为历史,并不成其为真实的东西;作为思想、作为史论,却又有其真实性并因而有其价值。其中所反映的德国老一代的史学思想,那本身就是一种历史见证。这部书曾被《美国政治学评论》评为写出了德国历史的内在冲突。它和另一部著作,即李特尔(Gerhard Ritter)的《欧洲和德国问题:关于德国国家思想的历史特点的考察》(*Europa und die deutsche Frage:Betrachtungen über die geschichtliche Eigenart des deutscher Staatdenkens*),在西方被认为是德国思想自我反省的两部代表性的著作。此后在他一生最后的几年里,他没有再写任何专著,只有几篇文章和讲演。1948 年他写了一篇纪念 1848 年革命一百周年的文章,1949 年又写了一篇评论德国历史所走过的错误道路的文章。两篇文章继续提出要高举解放战争时期的那种崇高理想的旗帜。

一个历史学家不但同时也必然是一个思想家,而且还必须首先是一个思想家,然后才有可能谈到理解历史。对历史理解的高下和深浅,首先取决于历史学家本人思想的高下和深浅。对历史的认识和理解,首要的条件并不在于材料的堆积而在于历史学家本人的思想方式。历史之所以可能成为人们的知识,乃是由于历史学家的思想之创造性的劳动的结果;历史学家本人思想的高度和深度要比其他任何条件都更积极而有效地在形成着人类知识中的历史构图。清理史料只不过是机械性的工作,只有历史学家的思想才能向一大堆断烂朝报注入活的生命。所以历史理论和史学理论就成为历史学中带有根本意义的一环，而史论的重要性就并不亚于历史著作的本身。读者也许可以从这个角度来估价和评论这部德国思想文化史论。

本书1946年初版于威斯巴登（Wiesbaden），最初英译本是哈佛大学历史学教授费（Sidney B. Fay，1876—1968）翻译的，1950年出版于哈佛大学。费在中国历史学界不是个陌生的名字，早在几十年前，他的《（第一次）世界大战的起源》一书就被列为大学历史系的近现代史参考书。费对此书采取了意译的方式，译文不大忠实于原文，还有不少遗漏和失误；当然，原书行文的风格和思想的翳影有时候是译文所难以精确表达的。迈内克晚年任柏林大学校长；他去世后，柏林大学的迈内克研究所于1957—1963年出版过他的一套《选集》，共六卷。1969年赫茨费尔德（Hans Herzfeld）编订的《迈内克全集》在斯图加特出版，是迄今最完备的结集。关于研究他的专著，可以提到贺佛（Walter Hofer）的《历史学和世界观：迈内克著作研究》（*Geschichtsschreibung Und Weltanschauung：Betrachtung zum Werke F. Meineckes München*，1950）。关于他本人的著作以及对他的研究，《历史杂志》174卷，503—523页上载有一份完备的目录。

中译文是根据赫茨费尔德编《迈内克全集》（*Stuttgart，Koehler Verlag*，1969）第八卷、第三编，323—445页所载《德国的浩劫：思考和回忆》（*Die Deutsche Katastrophe—Betrachtungen und Erinnerungen*）一书的原文译出的。有个别地方，为补足全句的意思，增译了一些词句，这些都在文中以方括号形式标出。翻译过程

中得到中国社会科学院哲学研究所张文杰和甘阳两位同志的鼓励和帮助，并此致谢。

译者

1987年10月

目　录

前　　言

一个人究竟能不能够充分理解在第三帝国的12年间决定着我们命运的那些恐怖的经历；我们已经历过了它们，但是直到现在为止，我们还仅只是并不充分地理解它们，没有一个人例外。我们命运的这一或那一侧面，确实是仍然屹立在我们的眼前，并且往往闪烁着夺目的光彩，完全没有怀疑的余地。可是今天谁又能使我们全然领会这一切以及它们与那些更深刻的原因都是怎样联系在一起的？在第三帝国最初年代里，曾使得那么多的人为之倾倒的那些无边的幻想又是怎样终于成为了而且不得不成为最后年代的那种无边的幻灭和崩溃的？德国的历史乃是富于难解之谜的和不幸的转变的。但是今天我们所面临的这场谜以及今天我们所经历过的这场浩劫，对我们的感受来说，都超过了以往一切这类的命运。

这里所提供的思考也只是一些原件，是仅供未来更深刻地理解我们的命运进行研究的初步工作。从这些大量的体验里，这里只是选出了具有更大的内在的和永久的意义的某些问题。例如，我不谈希特勒在第二次世界大战爆发之前那几年[①]里在国家政治

① 希特勒于1933年1月30日任德国总理，第二次世界大战于1939年9月1日爆发。——译注

上的一切成功，——它们都已经化为乌有了。也有许多同意我谴责希特勒主义的德国读者们将会发现，我对德国的资产阶级和普鲁士—德国的军国主义的批评过分严厉，他们想要对这两者“条件从宽”。就好像是我在今天以前不曾考虑过这些似的！然而在今天的形势下，我觉得更重要而又更紧迫的是从事自己的事业。因此，出于迫切的原因，我必须抑止自己对世界局势的某些前途问题的思索。今天所谈的一切之所以都只能是零星的，其更为微妙的原因就在于这一骇人时期中一切当代人和目击者所遭受的精神上的和思想上的冲击，——不仅仅是那些直接受到打击的人，而且还有全世界那些仅只是旁观者的人。这些冲击不可避免地会蒙蔽每种判断，不管一个人是怎样努力想要清楚而客观地观看事物。何况又缺少着良好可靠的资料来源。

然而，现在却需要有一种更充分的理解，这一需要就可以辩护那些不充分的探讨是有理由的。它们本身可望对今后提供某些仅仅根据书面材料所不能提供的东西，即我们的命运在其中充分展现了出来的那个时代的气质，而且我们又必须认识它，才能完全理解这一命运。

因此，我认为有理由叙述或论及一些目前还缺乏由考据所证实的东西，例如由可靠方面口头获悉的一些典型的希特勒的原话。我们要不要让这些话湮没无闻？我还记录过一些在我看来是和这个人的本性相一致的话。后世的考据还可以根据更充分而可靠的材料，再来肯定它们或者是摒弃它们。

这里所提供的思考记录，并不简单地就是今天所呈现的这场最后浩劫的结果。我自始就把希特勒的夺取政权看成是德国最大的一场不幸的开端，并且在我和富有判断力的当代人的无数次谈话之中，更加验证并形成了我的看法。因此在这里发言的乃是一个在精神上和政治上的希特勒的反对者，而且是以与思考相交织在一起的回忆在发言的。我在和格罗纳[①]、勃鲁宁[②]、贝克[③]以及其他一些人交谈时所听到的东西，只要是有历史意义的，我就不该让它们湮没无闻。

在写作时，我多方面受到目疾的干扰，而且除了一些由人诵读的笔记而外，我几乎全部都要靠自己的记忆。但愿人们原谅这种结果所导致的缺陷。但愿我的记录，尽管其价值可能是如此之仅仅局限于今天，仍会有助于开始一种确实是屈辱的、但又是精神上更为纯洁的新生活，并有助于加强决心要把我们自己所保留下来的力量始终奉献给我们保存下来的德国人民和文化的实质的复兴。

① 格罗纳(Wilhelm Groener,1867—1937),德国将军。——译注

② 勃鲁宁(Heinrich Brüning,1885—1976),德国总理(1930—1932)。——译注

③ 贝克(Ludwig Beck,1880—1944),德国将军,1935—1938 年曾任德国陆军总参谋长,1944 年参与反希特勒密谋,被捕后自杀。——译注

第一章　当代的两大浪潮

探讨在德国爆发的那场骇人听闻的浩劫的更深刻原因这一问题，将是未来世纪所依然要从事的，只要这些世纪一般说来仍然愿意而且有能力思考这类问题。然而，德国的浩劫这个问题却同时扩展为一个超乎德国之外的普遍西方命运的问题。直接把我们带进了这一深渊的希特勒的国家社会主义，并不是一种单独出自德国的发展势力的现象，而且也还有着某些邻国的极权体制一定的类比和先例，不管它向我们呈现为德国人的本性的一种多么堕落的现象。然而人们可以进一步问道，何以竟会出现了这一令人震惊的、背离了欧洲发展主线的逆流？而那条主线看来原是朝向某种个人主义自由和受集体约束这两种因素相结合而前进的，并且是朝向维护19世纪所取得的自由主义的成果而前进的。代替了这些的，却是突然间转入到专制主义以及 terribles simplificateurs〔可怕的单一化者〕的兴起，那是雅各布·布克哈特[①]早在半个多世纪以前就看出它的来临的。布克哈特目光之敏锐，没有一个当代思想家可以比拟，他早在我们的问题最初一出现时就理解了它，并给出了最早的答案。他已经看出在启蒙运动时代和法国革命的

① 布克哈特(Jacob Burckhardt，1818—1897)，瑞士历史学家。——译注

乐观幻想之中就有着大患的萌芽了，即错误地要追求那不可能达到的群众性的人类幸福，随后它就转化为一种占有欲、权势欲以及普遍地为追求生活享受而奋斗。布克哈特还进一步觉察到，于是就将出现旧社会纽带的解体并终于创立新的但又非常强而有力的束缚，它将是由那些强而有力的人们、由那些 terribles simplificateurs〔可怕的单一化者〕建立起来的；他们会得到军方机构的支持，强迫人民群众再度俯首听命，并放弃自己以往对自由的一切热望。在他们可悲的日常生活状态之中，他们奉命每天清早随着鸣鼓而就位，傍晚又随着鸣鼓而归家。

因此，布克哈特看到这些事情所展示出来的，乃是作为西方的、而不单纯是作为德国的问题，乃是文化衰落的普遍历史问题。法国的例子，那里的民主制两次转变为帝制，引起了他的历史的和预见的幻想。他的幻想总是宏伟的，尽管我们可以责备他的道德说教有某些夸张。那在整体看来倒更像是欧洲社会的一场道德堕落的过程，——既是人民群众的，也是领导阶层的。而且其中还有着不可抗拒的动力学上的原因在起作用。而同时最初在英国由机器而开始的经济—技术范围的革命则唤起了大工业、新的人民群众和高度的资本主义，它正像法国革命一样地以其对人民群众的动员以及不仅唤起自由而且还唤起对权力和占有的渴望而获得极大的成功；这时候，空前迅速增长着人民群众对一切迄今为止的社会秩序和文化所施加的巨大无比的压力，是无论怎么评价都不会过分的。它的崛起，并不像布克哈特所看去的那样，单单是出于贪婪，而且也出于那种根本的需要，即一直都是被严重忽视的并且尚未成型的新的人民群众应该获得人类的尊严。旧的社会和新的人民群众,——这就是此后 19 世纪各种各样的事物都在其中开展着的那个结构,无论是直接地或间接地、公开地或隐蔽地、在中心或在边缘上。人民群众自然而然地最初是极力要求民主,此后则逾越了这一点,为着充分保障他们的生活水平而要求社会主义。这对他们成为了一种思想体系、一种福音,成为了期待着一种能变革一切并且能创新的革命;它被设想为是达到人类幸福的千年福王国的手段。这种来自人民大众的富有威胁性的危险,像一股强大的浪潮汹涌而来,自从 19 世纪的下半叶就在激荡着传统的文化界。然而为时不久,人们就又制服了它,部分地是通过内部预防、镇压或改良的政策,而部分地并且更多的是由于从 19 世纪高涨起来的人民群众的生活中兴起了第二股强而有力的浪潮,它横溢了第一股浪潮,多次地削弱了它或者引导它转向;——然而其目标并不是一场翻天覆地的社会革命,而是这些民族本身的权力政治的高涨。因为这第二股浪潮只不过是 19 世纪的民族运动。它本来也是自由主义的,是以个人的自由权为目标的运动。然后在自由权已经获得并似乎有了保证之后,民族主义的和追求权力的运动就日益走向前台。这第二股浪潮在它一开始,一点也不能适应传统的国家形态,到处都对它发生了革命性的冲突,然而它与那另一个朝向社会主义转化的浪潮之不同就在于,它与古老的欧洲世界并不是那么敌对的,倒反而是及时能与之形成联盟。它并不是从始终未能定型的并沦于绝望的新的工业无产者群众之中、而是从有教养的并且日愈富裕起来的中等阶级之中,找到了它的主要支持者。而这一中等阶级就其范围而言,就其不断增进着的优裕生活和自我意识而言,乃是自 18 世纪末叶以来古老的欧洲社会所发生的种种特征性的变化的结果。这一中等阶级的各个组成成分确实是古老的,一般说来正如城市生活一样地古老。然而它那高涨及其在整体上成长为巨大的民族主义运动的浪潮,则只是由于19世纪初以来群众人口的迅速增长才成为可能的。其中我们看到了西方普遍的转化过程之最基本的而又最强烈的动力学上的原因。

在这一点上,我们并没有什么是不忠于精神史(Geistesgeschichte)在历史思考中的首要地位的。我们在历史中应该区别开因果关系与价值,在这里则是应该努力充分理解那最原始的和最基本的因果作用,——即新的群众对旧社会的压力,——我们不辞辛苦要理解它,只是因为它归根到底在左右着西方的伟大精神价值的命运。今天,这些价值正受到我们所经历的这场浩劫的后果的致命威胁,所以我们就倍加有理由要认识西方的、而特别是我们自己(德国)民族的文化中一切光荣和神圣的东西在其上生长起来的那种原始的黑暗基础。当我们谈到因果关系对价值的作用的"原因"时,我们所指的并不仅仅是单纯机械的联系,而且还有那些深邃而隐蔽着的有机生命的联系。

我们谈到了19世纪两大浪潮,即社会主义运动和民族主义运动,两者相互的关系。社会主义运动的领袖们所预言的那场迫在眉睫的最后革命、那场巨大的爆炸,并没有很快地出现,因为民族运动先声夺人,并且能够扩大开来。它成长为民族主义,而且在一些强国则成长为帝国主义,并在19世纪末膨胀了起来。人们在忧虑着各国的经济之间为了未来的世代之取得生存空间而进行的竞争。通过建立陆军和海军以及通过海外殖民和商业的扩张来扩充实力,就被提上了日程。Post equitem sedet atra cura

〔每匹马后面都有着可怕的烦恼〕，这是一个极有才华的年轻经济学者保罗·弗格特(Paul Vorgt)在1898年《普鲁士年鉴》(*Preussiche Jahrbücher*)(第91卷，第275页)上所写的话。他写这话时，首先想着的是出口产业，因为他正满怀不安地在探讨世界市场；他也描绘了英国封锁德国的可能性，就像是三十年战争期间[1]所造成的惨状以及俄国统治我们的时期那样。20世纪开始以来，谁应当拥有太阳光下最大的份额这件事，就趋向于以战争来解决。社会主义运动的领袖们竭力在宣传反对这种趋势，然而他们却无法制止它。当第一次大战爆发时，世界史的日程表上所写着的，并不是社会主义而是帝国主义。

这一结局引来了一场大反动。在俄国和在德国一样，帝国主义企图压倒社会主义的想法，以及利用其百万大军——那是西方人口增殖的典型结果——以实现民族资产阶级的那一目标，都遭遇了挫折。社会主义的浪潮这时再一次澎湃汹涌起来，尤其是在俄国它已经涌现为共产党的布尔什维主义。在德国则与此相反，自1918年以来就当了权的社会主义[2]采取了更加小资产阶级的方向，因此也就更加强调其纲领中的民主部分而放弃了民族资产阶级的全部帝国主义的目标。在西欧和北美的一些战胜国里，它们获得战争的胜利之后，却在帝国主义的思想和社会主义的思想

---

① 三十年战争(1618—1648)，是17世纪西欧的国际战争，德国是主要战场。——译注

② 1918年11月10日多数派社会主义与斯巴达克派在柏林组成联合政府，随后斯巴达克派即被排斥；1919年1月19日国民议会选举，多数派社会主义获163席，中央党88席，民族党42席，独立社会党22席，其他31席；2月6日国民会议在魏玛召开。——译注

二者间并没有作出任何明确的决定。但大体上，此前的大资产阶级保住了他们的地位。

然而西方的这两大浪潮终究能不能够始终彼此隔离呢？是不是它们之间只有斗争和对立呢？它们两者之间是不是也能达成某种内在的融合呢？这一点，当它被尝试过而又失败了的时候，就会对它本国以及对全世界都带来巨大的灾难，——正如它在第二次世界大战所发生的那样。可是，人们却必须承认，这两股浪潮，民族运动正如社会主义运动一样，每一方都能够为它自己提出深刻的历史权利。它们丝毫不像布克哈特的思想所提示的那样，仅仅是人类贪婪的这种或那种形式的产物而已；它们乃是一种本能的探索性的努力，要想解决世界历史上闻所未闻的人口增长在各个国家里所呈现的全人类问题。我们承认，例如甚至于在帝国主义这个世界和平的破坏者那里，也有着一种可以用来辩解的内核，即它担忧着自己人民经济生存的可能性。而且在社会主义那里也有一种非常类似的担忧，只不过社会主义在寻找一条完全不同的道路来解决它而已。一种浪潮的权利是否能够以及如何才能够与另一种浪潮的权利相融合，对这个问题，我们留待以后再作答案；目前让我们先检阅一下要融合这两股浪潮实际上所已经做出了的努力。我们这里只限于谈在意大利和在德国所已经做过的实验。与民族主义和社会主义两种浪潮的融合问题相联系在一起的，便是这一思想：要通过一种极权主义的、集中的、不受任何一种国会性质约束的对国家、民族和个人的控制而赋予这种融合以顽强性和坚固性。此前在西方一直受到虔诚尊敬的整个理想世界，就这样

陷入了黑暗,——那种理想不仅是自由主义和人道主义在追求个人的幸福和自由的理想,而且就其针对个人灵魂的福祉而言,也是古老的基督教的理想。基督教通过它对于个人灵魂的关怀,确实也就是人道主义的自由主义的母体,人们可以把人道主义的自由主义理解为就是世俗化了的基督教。

但在意大利和德国的这种新极权主义的体制中,成为核心的那种独立个体并不是个人的心灵,而是把个人的心灵牢牢凝聚在一起的那个整体。个人的心灵在这个整体之中丧失了它的内在价值。这场可怖的变革、这场对此前一切文化价值的无可衡量的损失,是只有当那种新的生活方式能够创造出更新的意想不到的文化价值来的时候,才会是可以忍受的。然则,这个整体在它吸吮了心灵的生气和力量时,是不是就获得了它所要获得的一切呢?

这里就我们的目的而言,对意大利只消几句话就够了。法西斯主义的紧身衣是完全不适合于意大利的民族性的。富于创造能力并对文化有着不朽贡献的意大利民族从来都不是一个军人的民族,他们并不适合于墨索里尼[①]为了把意大利升格为一个世界强国而强加给他们的任务。法西斯主义中真正投合了意大利人的,只不过是他那修辞性的东西和他那以光荣伟大的空中楼阁而自我陶醉的本领。墨索里尼就是靠了懂得让他的宝剑铿锵作响而又不必在一场全面大规模的战斗里当真拔出剑来,才维持了20年并造成一副意大利登上了大国地位的假象。1940年,在我们

① 墨索里尼(Benito Mussolini,1883—1945)于1922年10月27日进军罗马,31日起任意大利首相。——译注

（德国）对法国取得了意想不到的大胜利[①]之后，他就成了希特勒的帮凶[②]，——也许是不得不如此，以免丧失其威信和权威，——这就导致他走上了终于灭亡的道路。如果没有希特勒，如果他能继续他以往运用的策略，也许他还能维持一个长时期。

自从1940年以后，墨索里尼的事业就更受到另一个基本弱点的挫伤，——意大利在原料和粮食两方面都没有准备得足以成为一个头等强国而与世界列强进行角逐。即使是德国也不行，尽管她在这方面要比意大利多少好一些。经验已经证明了这一点，而且任何一个严谨的观察家在第一次世界大战之后也都会这样说。对我们（德国）来说，想要成为一个世界强国，乃是一种冒险。然而这桩事情的充分冒险性，却只是在希特勒和他的党所挑起的第二次世界大战中才逐渐清楚的。这桩事情在德国民族的历史中又有着什么样的根源呢？以下各章就试图对它给出一个答案。

① 德军于1940年5月10日入侵荷、比、卢，长驱南下，6月13日巴黎宣布不设防，6月22日法国投降对德签署停战协定。——译注

② 意大利于1940年6月10日对英、法宣战。——译注

第二章　第二帝国[①]建立以前和以后的德国人民

我们最好是从这一事实着手，即19世纪的民族运动和社会主义运动这两大浪潮在德国有着一种全然特殊的性质，并且它们二者在互相作用着。它们或许比在其他国家中更加尖锐地相互交织着而又相互斗争着，并由此而发展出一种战斗性的特点；当它们融合在一起的历史时刻到来时，这些战斗性的特点就决定了这里最终所追求的融合方式的命运。这一普遍的公式现在就将通过对具体事件的论述来确定。

在德国，民族的浪潮来得要比社会主义的浪潮更早得多，大约要早上半个世纪。从而可以说，新的资产者的中等阶级在德国登上舞台也比新的无产阶级群众要早得多。无产阶级成长的基本原因，即经济—技术的变革，在德国也比在西欧来得更迟。反之，资产者中等阶级强大得更早而且达到了高度的精神繁荣这一事实，则确实也是由于在18世纪其地位已经开始增强才得以促成的。

关于完整意义上的民族运动，即它所指的不仅仅是个人的和

① 在德国历史上，第一帝国指神圣罗马帝国（962—1806），第二帝国指俾斯麦统一的德国（1871—1918），第三帝国指希特勒德国（1933—1945）。——译注

小团体的、而更加是全体人民各个阶层的民族感情，可以说最初是在外国统治和解放战争[①]之后才开始的。随着它，便开始了德国人民在性格方面的某些确切的变化；我们必须认识这一点，才好在某种程度上理解我们（德国）的命运。在1815年及以后，洪堡[②]就以他突出的敏感指出了一种变化；从他的观点看来那似乎意味着有得有失，而且或许是得不偿失。他注视着那些为爱国心所鼓舞的战士，并且认为在他们身上已经显现了一种新的更伟大而更高贵的品质，那要比他自己的或歌德的那一代人与现实联系得更紧密，而他自己的或歌德的那一代人却能够过着一种超现实的生活。

这种强烈地屈从于现实，每十年十年地在大步地前进着；而对于超现实的、更高一层的永恒的生活的关怀却隐退了。歌德有一次向蔡尔特[③]谈到，今天人们要的只是财富和速度。蒸汽机和铁路的新魔术，创造了新的对煤和铁的宗教崇拜。新的现实主义也占领了精神生活，于是就结束了目标纯粹在于人自己个性的提高和精神化的那种生活方式，并把注意力更加放在人们集体的共同生活上，放在社会的构成和整个的国家上。此外，还有众所周知的内部政治的驱动力：强烈反对警察国家和渴望一部宪法，以便有助于中等阶级当权。这样就准备好了1848年的革命，那次革命不仅是要求更大的自由的呼声，而是正像达尔曼[④]有一次所说的，有更

① 解放战争（Befreiungskrieg），指1813—1814年德国反对拿破仑统治的民族解放战争。——译注

② 洪堡（Wilhelm von Humboldt，1767—1835），德国语言学家和外交家。——译注

③ 蔡尔特（Carl Friedrich Zelter，1758—1832），德国音乐家。—— 译注

④ 达尔曼（Friedrich Dahlmann，1785—1860），德国历史学家。——译注

大部分是国家要求权力的呼声。然而近代德国的强人，像是我们今天终于满怀恐怖的心情所体会到的那种强人，这时候却还远远没有成熟。德国人从歌德时代到俾斯麦时代和从俾斯麦时代到希特勒时代，其间我们或许都能感到数量日益增大、要求日益增多的人民大众的压力的声音。像是黑格尔所说过的，群众在前进，而且他们数量上的增长就转化为质量上的差异。

在群众的压力以及随之而来的日益庸俗化和衰颓化的面前，既要保卫住歌德时代的神圣遗产——那对德国来说全然是一场奇迹，——同时又要有力地支持在新的群众的愿望之中的一切看来是有生命力和有成果的东西；这就是一般说来自19世纪中叶以后德国文化的大目标，是精神与权力的综合、国家建设与精神建设的综合，从而也是文化、国家与民族的综合、世界公民国度(Weltbürgertum)与民族国家的综合，——然而这一切已经是微微偏向于新的权力和民族的思想了；——这就是现在我们称之为“古典自由主义”的德国精神界的领袖们的心愿，他们从50年代末就以《普鲁士年鉴》为他们的喉舌。特赖奇克[1]或许是他们最伟大的、至少也是他们最有影响的代表人物。这里出现了一大群值得注意的人物，出现了一个惊人之丰富的世界，如果我考虑到他们的生活和他们作品的更为深刻的内容的话。它和歌德时代相比较，确实只不过是一个白银时代之于一个黄金时代，因为它多少已经染上了没落的色彩；但是和今天的文化水平比较起来，却又远胜一

① 特赖奇克(Heinrich von Treitschke，1834—1896)，德国历史学家。——译注

等。既承认强而有力的对立而同时又让它们相互能产生果实，这种尝试乃是德国所特有的一种现象，无论在俄国还是在法国和英国都没有这种情形，至多是在意大利的复兴运动(Risorgimento)[①]中或许有过类似情形。它既想要凌空翱翔，但又牢固地立足于地上，它要使自由而骄傲的个性权利与国家和民族的集体权力的需要调和一致。但是这一点一般说来是不是可能持久？并且它在德国的具体情况之下是不是有可能？古典自由主义所力求实现的上述两方面的综合，遭受到严重的威胁，随后在几十年的过程中就逐渐遭到破坏而终于消灭了。在这里，第一次的威胁来自它力图直接领导并使之彼此联合的那两个生活圈子，具体地说，也就是普鲁士国家及其君主—军事结构和上层资产阶级，后者有一部分致力于资本主义的发财致富，另有一部分则致力于文化教育。对于这一综合工作之获得成功的另一大威胁则来自前面已经强调过的19世纪的基本事实，即那两股浪潮的互相交织，——以中产阶级为支柱的民族运动和以日益增长的群众为支柱的社会主义运动。

自从腓德烈·威廉第一和腓德烈大王[②]以来，普鲁士国家里就存在着两种心灵，一种长于文化，而另一种则反对文化。腓德烈·威廉第一所创建的普鲁士陆军造就了一种令人瞩目而深入的军国主义。它影响了整个的民间生活。这在所有的邻国都找不到它的类似者。但是，早在孟德斯鸠[③]的游记里，——当时他居住在靠近

① 复兴运动，指19世纪中叶意大利的民族统一运动。——译注

② 腓德烈·威廉第一(1657—1713)，普鲁士国王，1701—1713年在位。腓德烈大王，即腓德烈第二(1712—1786)，普鲁士国王，1740—1786年在位。——译注

③ 孟德斯鸠(Charles Montesquieu，1681—1755)，法国政治理论家。——译注

普鲁士的汉诺威边境，——我们就发现某些有关这方面的不愉快的记载。普鲁士军国主义的兴起问题，这里暂先留在一旁不谈；我们在这里想仅仅探讨它在19世纪对德国整个命运的影响。

只要德国精神和权力的综合看上去是有希望的，就连军国主义我们也会以一种更温和的眼光来看待的；我们强调它所具有的那种毫无疑义的高度道德品质、那种铁的责任感、那种服役时的禁欲主义的严格性，以及一般的品格的纪律化。但这里易于忽视的是，这种纪律化也意味着一种单一化，它缩小了眼光，而且往往导致对上级一切决定不假思索地服从，并造成了许多丰富的生活源泉的枯竭。并且最初，普鲁士军国主义的拥护者们就正好忽视了一个事实，即在表面纪律化的掩盖下可能爆发各种各样并不可爱的冲动和狂激。在军国主义之下，公众生活也可能受到损害，如果在军国主义空气中已经舒舒服服地成了要人的政治家们和将军们，对国家的命运起了作用的话。这一点在解放战争时期，就已表现出来了。那次战争是对精神和国家的综合的第一次大胆的尝试，在许多方面得到了光辉的证实，但却终于被一个头脑狭隘的军人君主和一个同样狭隘而又自私的贵族和官吏阶层致命地搞垮了。1819年以洪堡和博因[①]的去职为其象征的普鲁士改革时代的挫败，可以看作是普鲁士国家那种反文化的心灵对那种长于文化的心灵的一场胜利。这两种心灵之间的这一分裂，一直贯穿着整个19世纪并延续到20世纪；——直到最后，普鲁士军国主义也为

---

① 博因（Hermann von Boyen，1771—1848），普鲁士将军，军事改革主持者。——译注

自己在这个混合罐里取得了一块广大的地盘，而希特勒也把德国历史发展中一切对他可用的材料和实质都一起纳入其中。关于它对于第三帝国的创立的作用，我们还要更详细地加以研究。

然而，在帝国建立的那个时代，普鲁士军国主义中那些坏的而且对全体的繁荣有危害的方面，却由于它的力量和教养在为民族统一的服务中以及为俾斯麦[①]帝国的建立中的动人表现而被掩蔽了。这就给它身上加上了一道光环，——一个普鲁士的中尉在人间走动着就像一个年轻的神，而一个平民后备役的中尉至少也像半个神。一个人必须升为一名后备军官才能在大资产阶级的世界里，而尤其是在国家的行政部门中，发挥充分的作用。于是军国主义就渗入到了平民的生活里来。于是就出现了一种因袭的普鲁士主义（Borussimus），出现了一种天真的、自我陶醉的普鲁士性格，从而也就随之出现了一种精神视野和政治视野的急遽狭隘化。一切就都被融为一种僵硬的因袭势力。人们在漫长的生活过程中必须是曾在自己的眼前的无数事例中看到过这种典型，必须是亲身感受过它，与它做过斗争，慢慢地把自己解放出来，才能够理解它对于人心的力量——从而终于才能够理解 1933 年 3 月 21 日希特勒和兴登堡[②]站在腓德烈大王墓旁所表演的那幕动人的波茨坦喜剧[③]的效果。因为国家社会主义这时是作为一切伟大和美好的普

① 俾斯麦（Otto von Bismarck，1815—1898），于 1871 年 1 月 18 日建立德意志（第二）帝国，并于 1871—1890 年任德国首相。——译注

② 兴登堡（Paul Hindenburg，1847—1934），德国元帅，1925—1934 任德国总统。——译注

③ 波茨坦喜剧指 1933 年 3 月 21 日兴登堡和希特勒一起在波茨坦教堂腓德烈大王的墓旁主持了第三帝国第一届国会开幕式。——译注

鲁士传统的承继人和传播者而出场的。

一个像提奥多尔·丰达尼[①]这样的人,他毕生的事业只可能是代表着普鲁士传统中一切伟大的和美好的东西,竟然在他一生的末了,变得十分会批判而又有洞察力;他在1897年所写的一封信里,对他周围的普鲁士世界说了不愉快的话;我们不可因为他的话在各方面都有尖锐的夸张就拒绝他的话。他写道,普鲁士主义(Borussism)乃是历来所未有过的最低下的文化形式。只有清教主义才更坏,因为它彻底是撒谎。另有一次他又写道:"首先应该砸烂的是军国主义。"

这种邪恶的普鲁士主义和军国主义,就像压在俾斯麦的事业上的一桩沉重的抵押品,并变本加厉地由他的混血儿后继者[②]承继了下来。但是,在俾斯麦本人的直接业绩中也有某些东西是介乎健康与不健康之间的边缘上的,并且在后来的发展中是更加朝向不健康的方面在生长着。这一点是那些在俾斯麦的事业庇护之下壮大起来并充分享了他的福的人所不肯轻易认可的。与迄今为止的整个德国过去相对比,我们(德国人)往往是多么感到自由和骄傲,能够生活在强大繁荣并给了我们每个人一份生存空间的这个1871年的帝国里!但是第一次大战的、而尤其是第二次世界大战的动荡的历程,使得人不可能再对这个问题保持缄默了:那就是是否后来的灾难的种子根本上就植根于此前的历史之中。这是一种放肆无羁的历史思想,是历史上每一种伟大的而且起过有益作

① 提奥多尔·丰达尼(Theodor Fontane,1819—1898),德国作家。——译注

② 俾斯麦的"混血儿后继者"指希特勒。——译注

用的、但后来又堕落了的历史现象所必须面临的问题。这时人们呼吸着历史悲剧的空气，那是人类的和历史的伟大的空气，但同时也是始终会萦绕着俾斯麦和他的事业的一个难题，——而希特勒的事业则应该看作是世界历史上一种恶魔原则的爆发。

现在我们来考虑1866年和俾斯麦的铁血政策。今天我们是带着更深沉的激情在倾听当时对于行将到来的灾难表示关怀的那些呼声的，——像是雅各布·布克哈特和康斯坦丁·弗兰茨[①]这样重要人物的呼声，——而且我们还可以提名那位古怪的士瓦本人克里斯蒂安·普朗克[②]作为第三位，——俾斯麦的行事在他们看来，动摇了西方国家共同体和文化的某些基础，而且它是一场全面深入的革命，开阔了不断扩大的革命的前景以及一个战争的时代。这就意味着马基雅维里主义[③]对国际交往中的道德和正义原则的胜利，而且听任更美好的精神文化在追逐权势和享受之中沦于毁灭。让我们还是老老实实吧。不管这些埋怨可能是多么地片面，但是其中总还是有着真理的颗粒。同样，也有很多为俾斯麦辩护的言论，它们指出了当时欧洲其他国家中也有各种各样类似的马基雅维里式的做法，并特别指出了这一点，即俾斯麦本人已经认识到权力政策的限度，而且在俾斯麦1891年以后的和平政策中，也为西方各民族共同体效了力。“您知道我不会喜欢俾斯麦”，一位丹麦历史学家的朋友在第三帝国时期曾向我说，“不过现在我必

---

① 弗兰茨(Konstantin Frantz，1817—1891)，德国政论家。——译注

② 普朗克(Christian Planck，1820—1910)，德国法学家。——译注

③ 马基雅维里(Nicolo Machiavelli，1469—1527)，意大利政治思想家，马基雅维里主义指权力政治。——译注

须说:俾斯麦是属于我们的世界的。”

我们必须把俾斯麦评价为一种临界的现象。他在某种程度上仍然保持着权力与文化的综合,就像是〔德国〕统一运动的精神领袖们所理解的那样。这些领袖们自己以特赖奇克为首,他们起初对俾斯麦在冲突时期[1]的最初步骤采取严厉的抨击态度,但在1866年[2]以后却变成了他的代言人和赞美者。结果就是在权力与文化、精神和国家的综合之中,重点就缓慢地但稳步地越来越转到了权力及其领域这一边来。根据我自己的思想发展,我可以为这一点作证,——直到已经是第一次世界大战之前的年代,人文主义的感情的反作用力才又一次在我的身上出现。

人们常常都在反驳说,强权国家的和马基雅维里主义的思想并不限于德国,它或许只是我们〔德国人〕更经常在宣扬的,但并不是更强有力地在运用着的。这一点确实是不移的定论,——然而恰好是它那种公开性和赤裸性、它那种原则上的尖锐性和自觉性、它那种不顾后果的乐趣以及它那种把主要的是实践的东西提高为某种世界观的倾向,才是真正德国的东西而且对未来也是危险的东西,如果这些最初只是在理论上所表达的思想一旦转化为当权者手中的武器的话。德国的强权国家的思想,其历史始于黑格尔,却在希特勒的身上体现了它的最恶劣的和最致命的应用高峰。

这就是我们在这里企图只是以初步的轮廓来探讨和摸索着要

---

① 冲突时期(Konfliktzeit),指德国1849年的宪法冲突。——译注

② 指1866年普鲁士对奥地利的七周战争。——译注

了解的那场德国人民的堕落的历史。

但是要勾画出的有关(第二)帝国建立最初十年[1]德国精神文化情况的一幅正确画面,以及其中所潜伏的好的和坏的发展的萌芽,又是何等的困难!就今天所常用的、并且往往只不过是跟着尼采在学舌的判断来看,它就是浅薄的自由主义而且是无所作为。我们所谈过的那种古典自由主义的白银时代,仍然在持续着而且仍然在艺术和科学方面产生了许多辉煌灿烂的东西,但同时,一般水平和日常趣味则确实是很低。然而这时候却从没有人会想到,在有教养的德国居然可能出现一种像国家社会主义那样的现象,——人们所恐惧的对我们未来文化的真正威胁,只能是来自未受过教育的、社会民主党的无产阶级的德国。我们,特别是我们青年〔德国〕人,在拥有我们的高度民族的和教育的遗产方面,感到格外地安全,简直是太安全了。但是就在这样明朗的天空中,这里或那里,乌云已经开始聚集了。

自从19世纪80年代开始以来的反犹运动,就带来了气候变化的最初闪光。那些正在无忧无虑地一心想要享受正在向他们微笑着的那种良机的犹太人,自从他们得到充分解放以来,就已引起了各式各样的震动。他们对自从19世纪末叶以来所出现的自由主义思想界的逐步贬值并为人所摒弃,是有着很大的贡献的。事实是,他们在这种消极的和瓦解性的作用而外,也确曾对德国的精神和经济生活提供了许多积极的东西,但是这一事实却被这时正在与犹太人品质的危害性进行斗争的那些群众所忘记了。从这种

① 即1871—1881年。——译注

反犹的意识之中，很可能轻而易举地发展出来一种普遍的反自由主义和反人文主义的意识。这也是走向国家社会主义的第一步。在80年代，一个最粗俗的、只是半受教育的人，反犹主义的院长阿尔瓦特（Ahlwardt）已经拥有群众了；人们从这里面可以看出后来的希特勒成功的一场小小的序幕。但是如果那时候有人就向我们预言那场成功的话，我们是会发笑的。我们〔德国人〕在我们巩固建立起来的法治国家里、在我们的足堪告慰的民事秩序中、在我们的——一直光辉灿烂的、尽管是正在褪色的——个人自由、自决和人的尊严的自由主义理想中，感到自己是太安全可靠了。

整个资产阶级世界，无论是反犹的还是亲犹的，都同时始终是受到那贯穿19世纪的两股浪潮之一，即民族运动的影响的。但是这股浪潮，像已经说过的那样，是同时交织着那第二股巨大的浪潮的，即由工业无产者群众所产生的社会主义运动。我们这里只限于试图回答这个问题：即这一运动通过它本身的内在倾向，以及通过它与资产阶级世界的共同作用，对于国家社会主义的兴起究竟都曾意味着些什么？

他们所争取的未来的社会主义国家，是只能作为一个高度集权的和作为一个直到把日常生活都彻底组织起来的国家，才可以得到实现的。它最初始终是一种对未来的梦想，而且人民群众的思想里肯定是充满着日常生活的需要、操劳和欲望更有甚于社会主义的。然而我们可以这样设想，它从根本上有助于使人民群众集体化，并且从内心深处来改造他们的权利感；也就是说，每个个人的权利都要黯然失色，而凌驾于个人之上的整体的权力却不断得到加强。“感化所国家”一词，已经被人用来谴责社会主义者说，那就是他们所要建立的东西。而那些感到自己受了被认为是传统社会里的反动派所剥削的人，他们的愤怒和仇恨就直接摧毁了一般对于传统历史权威的感情；他们燃烧着革命的、不顾一切的热情，正在践踏着他们的对手及其权利和财产。于是就普遍地发展起来了一种革命的精神，后来国家社会主义就得以继承它的遗产。令人震惊的而且成为德国发展的特点的事情则是，这种革命精神能够改变它的承担者，而且在某种程度上从迄今为止在承担着革命的那个工业无产阶级身上以某种方式一跃而转到另一个、其中有一部分还是刚刚兴起的社会阶级的身上。这个进程以后将要讲到。

但在社会民主的思想范围以内，除了长期占优势的以革命(Revolution)解决未来问题的方案而外，也还有另一种以演进(Evolution)来解决的方案，它期望着依靠一种缓慢的、逐步的改良和改造社会的情况，并依靠工人反对资本主义世界的斗争中最初是很小的、但却是累积起来的各种成果。彻底重新安排社会世界这一目标并没有放弃，但却留给了遥远的未来。

这样一种修正主义的观念，确实是只有在19至20世纪之交的事实发展对他们有了好处之后，才能凌驾于正统的革命的马克思主义之上而起更大的影响。德国工人阶级并不像革命理论所声称的那样日愈贫困化，他们的生活地位有了显著的改善。并不是所有与资本主义利害攸关的其他阶级的反动群众一致起来与他们为敌；反而是这些反动群众卷入发展的洪流中而自行解体了：其中一部分已经准备去迎接工人，而另一部分则确实是下定决心以坚决的反动力来与任何有威胁性的革命进行斗争。于是一个阵营里的演进派就在另一个阵营里的演进派那里找到了对自己的辩护和支持，而粗暴的革命派则在粗暴的反动派那里找到了自己的共鸣和某种程度上对自己的历史性的补充。这就是资产阶级民族运动和无产阶级—社会主义运动两大浪潮相互作用的共同进程。而且它就是这样相互分裂地在前进着。让我们现在分别地讲清楚这一点。

这一过程的演进方面是以两个基本事实为基础的，一个是纯经济的，另一个则是由政治的、社会的和精神的契机共同在起作用的。纯经济的事实是自从19世纪90年代以来巨大的经济高涨，它给资产阶级带来了享乐和财富，也给雇佣工人带来了逐渐在改善的雇佣劳动的机会和生活水平的慢慢提高。甚至在这种高涨之前，社会改良的思想就已经在国家之中和资产阶级之中非常之活跃了，并在80年代俾斯麦时代后期的社会保险立法中得到了实现。在资产阶级中间主流则是从各个方面把这种社会改革的思想推行得更远，使之不断地起更大的作用。在90年代里，对此最为激进的是腓德烈·瑙曼[①]和他所领导的民族社会主义运动，并以《协助》(*Hilfe*)为他们的机关刊物。

现在就让我们来看这一运动的更深一层的历史意义。它提出的未来设想是要使19世纪民族—资产阶级运动和无产阶级—社会主义运动这两大潮流汇成一种强有力的联合，这样一种联合，正如我们在一开头已经说过的那样，是高度值得愿望的，甚而在本质上是整个国家生存所必需的。因为在两种浪潮的每一种之中都有

① 瑙曼(Friedrich Naumann，1860—1919)，德国社会活动家。——译注

着某种深刻合理的动力、某种可望富有历史性成果的东西在发挥着作用。它们永远在互相交织而又互相干扰，——但这一点不会是它们在历史上的最后结论。然而在这两种浪潮的每一种之中，也同时存在着一种过度增长的倾向、一种危险的片面化的倾向。如果这种联合要获得成功，那就必须是这两种运动的每一方都要保持适度；它们在某种程度上必须要在这样的一点上彼此联合一致，从而使每一方的有害因素都不至于占上风。

这就是瑙曼的努力，它曾经那样地鼓舞了德国资产阶级和有理想主义倾向的青年；但如所周知，它并没有成功地使这两股浪潮达成联合，——那就是说，使资产阶级和工人阶级在有关公共生活的重大基本问题上达到和谐一致。假定瑙曼成功了的话，也许很可能永远都不会出现一场希特勒运动。

从纯粹的思想史和精神史来观察，瑙曼的民族社会主义乃是一次了不起的尝试，它要把德国人民最精神的以及最物质的和现实的因素结合为一个内容极其丰富的综合体。基督教和德国唯心主义[①]、古典的人道理想和近代的社会经验主义、民主和帝国、近代的艺术需求、人民的武装力量和经济的扩张；——所有这些观念，现在都像善良的天使一样出现在新德国的摇篮的旁边，给它献上一份生日的礼品。甚至于从马克思主义那位可怕的天使那里，也有它所提出的某些真理是要加以接受的。古典自由主义这一综合在这里是生气勃勃的，但却朝着现实的而又世俗的方面进一步地发展了。于是人民群众的具体需要以及文化人的更高雅的需要

① 此处唯心主义原文为 Idealismus，此词亦作“理想主义”解。——译注

就都得到了满足；而且即使是人民群众也被承认有一种对文化的要求而且也要尽可能予以满足。

这是德国历史上最崇高的梦想之一，但是它作为一个整体却在时间上部分地来得太早而部分地又来得太晚了，以致不可能得到实现。可是，它所已经实现了的那一小点儿，我们却不可不恰当地加以低估。早在第一次世界大战以前，我们就可以认识到，这场瑙曼运动，即使在它作为独立的政党活动已告失败之后，还是有助于在资产阶级和工人阶级之间架起一座桥梁并促进了他们互相了解的可能性，而且还鼓舞了并在精神上丰富了社会民主党内的修正主义运动。而且在1914年8月的日子里[①]，在民族情绪的高涨和兄弟情谊之中，就深深植有某种瑙曼式的精神气质和悲怆情操。

为了充分弄清楚这种联系，我们现在必须暂时多少超出本章的范围之外。无论人们可以怎样评价瑙曼对于这一发展的影响的大小，但事实却是：全部发展中的一个重要部分，亦即大多数社会民主党的工人阶级，以后所遵循的道路恰恰是符合瑙曼的心愿和希望的。从第一次大战，工人阶级就不再站在与资产阶级世界处于你死我活的敌对状态了。他们是准备着与它合作的，也许没有一个公正的思想家是能够否认他们爱国的民族感情的。他们正在成熟得可以解决历史提出的这一伟大任务，即把时代的两大浪潮，民族运动和社会主义运动，相互结合在一

① 第一次世界大战于1914年8月1日爆发，德国对俄国宣战，8月3日德国对法国宣战，8月4日英国对德国宣战。——译注

起。他们从此就长入到小资产阶级的生活方式和作风里面去。在他们最优秀的分子中间，也有着一种精神上的需要，要求成为德国文化宝库中的分享者。在广大的人民群众中间流行着一种注重实际的、温和的唯物主义，——而同时工人运动曾长期处于其魅力之下的那种理论的唯物主义和马克思主义的学说，却慢慢地褪色了。在工人阶级的少数人中间，可以肯定，马克思主义的教诫确实始终是保持着原封未动，正如第一次世界大战期间的发展所表明的那样，——以及那种要砸烂现存的资本主义社会的革命意志。至于得到布尔什维克的俄国支持的德国共产党人的这种革命意志，究竟会不会有朝一日得到贯彻，这就要取决于整个世界政治的局势了。

然而世界政治的局势，却决不是全然取决于与我们无关而又在作弄着我们的那些力量的。那些力量的形成总是有赖于自己民族的意愿和能力。而我们〔德国〕在世界政治上的挫败和浩劫的原因这一问题，现在就势必要把我们引到另一个问题：即领导着我们并影响着德国的世界政策的那个阶级，以及他们的精神结构和心理状态，都代表着什么意愿和能力呢？对这一点的检验将不会得出任何有利的结论来，像是我们对于工人阶级至少是作为一个整体所能得到的那种。德国资产阶级为准备这场浩劫、而特别是为国家社会主义的崛起所做的一切，其共同的责任和罪行都是非同小可的。

我们已经讨论过了德国资产阶级这种险恶发展的开端，并且已经指出古典自由主义的综合体如何转到不利于它的文化组成部分的方面来；也就是，民族的自我主义和权力国家的观念怎样地愈来愈压抑了世界公民—人道主义的成分。甚至于一个像特赖奇克[1]那样的人,在他生命的晚年也体验到这是一种严重的损失;正如他在他的政论讲演中的一次虔诚的发言里所曾表示的。无论谁在今天再阅读当年的《普鲁士年鉴》,都可以明确地追溯这一进程。它的编辑德尔布鲁克[2]是最早认识到这一点并且最尖锐地看到了由此而产生的对德国未来的危害的那些人之一。他在1895年(卷95,391页)写道:

> 我们祖先的崇高理想是,这个德国民族国家的兴起应该是不使德国人陷入到仇恨性和排他性里面去,那种情形在其他国家我们就谥之为沙文主义、侵略主义、莫斯科主义。一个巩固的国家权威,应该是和个性的自由开展结合在一起的,这一点对德国比对任何其他民族都更为不可缺少,因为在这样一点上没有一个民族是像我们〔德国人〕那样得天独厚,而对这种理想我们却有遗忘的危险。精神高尚的人正怀着恐怖的心情开始看待今天民族感情在运动着的种种形式,以及正在大胆尝试要接管民族问题的领导权的那类人们。国家当局表现为管得太宽和警察式地随心所欲。有产者的自然而然的管理权,堕落成为了阶级统治,而这一切邪恶的势力就汇合起来禁锢了德意志民族的自由精神,——而他们却是注定了要有这种精神的。这一切都还只是开始,但是这个开始却已经存

① 按,特赖奇克为普鲁士学派的代表,以宣扬狭隘的民族主义观点著称。——译注

② 德尔布鲁克(Hans Delbruck,1848—1929),德国历史学家。——译注

在了。我们应该注意,及时加以制止。

德尔布鲁克的这番话以锐利的眼光总结了他的观察,这是他在那些年代对于拥有财富的资产阶级的某些阶层以及在政界仍然强大的贵族们所必然会做出的观察。在内外政治斗争舞台上的各个地方,都有着各种不同的对立集团;他们那种同样的或沆瀣一气的桀骜不驯的精神,有把国家和人民的一切全部加以倾覆的危险,——正如它后来就以更强烈的风暴形式表现在国家社会主义的各种不同的泉源之中那样。从歌德时代所生长起来的那种自由的人道主义文化,遭到了民族思想的狭隘化和僵硬化的威胁。

德国世界政治的战略部署也受到这种僵硬化的威胁,而世界政治的战略部署在十九、二十世纪之交正走入它的决定性阶段。我们在一开头就已经指出世界政治的领域对德国是多么炽热而又危险,而为了保持住她未来生死攸关的经济利益,她又必须踏入这个领域。我们听到过弗格特有关英国的长期封锁对德国整个未来的作用的警告。在这种微妙的局势中,只可能有一种非常慎思熟虑的、非常有远见的而又稳健的世界政策。最初人们还只是处于这一危机的开始。但是泛德意志运动[①]以其过多的征服目标,却成为极其危险的事,尽管还不是在当前;因为它在外国人的眼里可能使我们受到损害,也可能逐渐腐蚀我们自己的资产阶级的心理状态。德尔布鲁克此后不疲倦地在向它们进行斗争,——但是成

① 泛德意志运动(Alldeutsche Bewegung),即英文中的泛日耳曼运动(Pan-German Movement)。——译注

就却很有限。

在国内,人们遇到了更僵硬的统治态度,反对企图以自由的和人道的精神来改善雇工、雇主和国家机构之间——以及东部的波兰人、北部什莱士维格的丹麦人和国家之间——所存在的强制关系的任何动议和可能性。在波森和西普鲁士的哈卡派(Hakatisten)、大企业的阴谋家,还有政府各部和各地方政府中的容克[①]官僚们,他们都是这个国内政治体系的具体代表人,而泛德意志运动则是它在外交方面的补充。

无论人们怎样强调当时非社会性的主人精神(Herrengeist)与后来希特勒的国家社会主义的主人精神之间的差别,——从整体联系来看,它仍然就是国家社会主义的前奏。

然而同时,在十九、二十世纪之交,自然还存在着许多古老的、美好的资产阶级文化;尽管生活的浅薄性已在慢慢增长着,但它不言而喻地仍能对政治的愿望有一种道德的约束。这时从精神上受到触动的资产阶级青年之中就产生了瑙曼的民族社会主义运动,它的确是力图成为那些阴谋家、哈卡派和泛德意志派那种具有威胁性的未来联盟所要求的东西的对立面。资产阶级阵营中的这两股洪流,在世界政治的领域很快地就汇合起来,迫不及待地要求参与瓜分世界的斗争并确保德国未来的生存空间。在要求兴建海军舰队的运动中,他们也都纠聚在一起,——至于其规模的大小则他们确实是并没有明确的概念。在严重的关头,这种共同一致性是非常之靠不住的,正如它在第一次世界大战中所表现出来的那样。

① 容克(Junker),指普鲁士领主贵族。——译注

在根本上，德国资产阶级中精神恶劣的人和精神美好的人这时候已经完全分道扬镳了。

这种坏东西并不仅仅是渗透到德国里面来而已。我们今天必须重复说：西方民族的整个帝国主义运动就为西方这场行将到来的政治上的以及文化上的灾难创造了条件。无论我们同时怎样在承认帝国主义的不可避免性以及它对本国人民经济前途的关怀；但是每一种这类的必要性之中无不掩盖着一些新的灾难的萌芽，而这种灾难的大小则根本上取决于人民中领导阶层精神—道德结构的慎思明辨的程度。没有别的民族比德国人在他们处于紧迫的危险境地而又倾向于夸大他们一度已经接受了的观念时，更有理由要诉诸慎思明辨和节制了。我们在这里可以引用一位可敬的哲学家保尔逊[①]在1912年说的话；这段话也是引自《普鲁士年鉴》（卷110，173页），它表明了这位富有人道思想的爱国者的日益增长的焦虑：

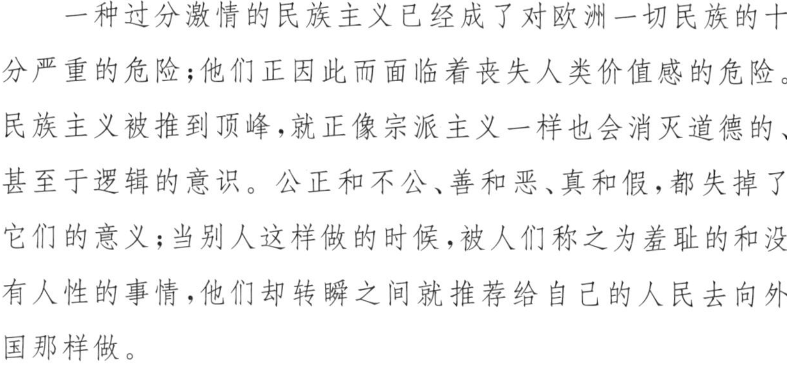

> 一种过分激情的民族主义已经成了对欧洲一切民族的十分严重的危险；他们正因此而面临着丧失人类价值感的危险。民族主义被推到顶峰，就正像宗派主义一样也会消灭道德的、甚至于逻辑的意识。公正和不公、善和恶、真和假，都失掉了它们的意义；当别人这样做的时候，被人们称之为羞耻的和没有人性的事情，他们却转瞬之间就推荐给自己的人民去向外国那样做。

① 保尔逊（Friedrich Paulsen，1846—1908），德国哲学家。——译注

这里，我们就有了希特勒国家社会主义的伦理学了。

然而这里还只不过是德国资产阶级堕落过程的最初阶段。第一次世界大战爆发之前的那20年，是强大的对立者互相角逐而未来的可能性尚在未定之天的时代。从同一个资产阶级中既出现了德意志主义的日益僵硬的民族主义，也出现了瑙曼的民族社会主义运动。而且不管看来对财富和权力的追逐在资产阶级当权的阶层里是怎样无条件地在进行着；可是同时就在这20年里也充满着一种新的、强烈的理想主义的努力，它又与歌德时代重新挂上钩，并且绝不仅仅是模仿性的，也还是进一步地创造性的。一种全然特殊的近代精神兴起了，尤其是在艺术和诗歌方面。我们可以把真理、诚挚和内向性看作是这一倾向的导航星，它们常常带着一种激进的意志要粉碎途中的一切由过去世界所形成的束缚，同时它确实又和那正成为不道德的民族主义有着千丝万缕的联系；我们上面已经知道了这种不道德的民族主义就是希特勒主义的直接序曲。可是在尼采的思想世界——它这时对一切渴望着的不安的精神开始产生强大的作用，——包含了几乎是这个时期所充斥着一切崇高的和卑鄙的愿望以及自我渴慕之情；这是它的本质和它的作用相分裂的一种恶魔式的现象。这种现象在主流上是非常有害的。尼采的那种破坏旧的道德纲目的超人乃是一个错误的指标，在照亮着可惜是颇为不小的一部分德国青年正在不安地走向歧途，走向一个必须加以征服的而又完全黑暗的未来。

第三章　第一次世界大战时期的德国人民

当第一次世界大战爆发时，仿佛一种善良的精神又一次可能把德国人引回到他们的道路上来。1914 年 8 月那些日子的高潮，对于一切曾经经历过它的人来说，乃是属于最高级、最难忘怀的记忆珍品之一，尽管它带有过眼烟云的性质。由于那种要剥夺我们所一直在享受着的物质繁荣的保证的共同危险已经临头，迄今为止一直存在于德国人民之中的，既存在于资产阶级内部、也存在于资产阶级和工作阶级之间的一切裂痕，便突然之间愈合了。而且不止于此，人们还深深感到在一切领域中，它都不仅涉及共同目标上的团结一致，而且也成为我们整个国家和文化所需要的一场内部的革新。我们甚至于从多方面在相信这种情形已经开始，而且在一场我们认为是防卫和抵抗的战争的共同体验之中会更加推进向前。我们满怀着希望，却经历了一次迷人的骗局。还不到一年，团结就破灭了，德国人民就又分裂开来走上了不同的道路。是不是 1914 年 8 月情绪的高涨，归根结底只不过是从前的理想，即那种古老的而现在走到了尽头的发展力量的最后闪光呢？有一位很好的观察家马克思・希尔德柏特・布姆[①]早在 1917 年就已经想

① 布姆(Max Hildebert Böhm，1891—1958)，德国人类社会学家。——译注

到过这一点了。他在《普鲁士年鉴》(167 卷,460 页)中写道:

> 从多种角度看来,1914 年 8 月也许今后对我们来说,并不是一个新时代的破晓,而毋宁说是向一个旧时代的痛苦的告别;它意味着一幕浪漫主义者庄严演奏的终曲,德国人的心灵只能以沉重的无可奈何的态度才能使自己和它脱离关系。

他继续写道:

> 那现在真正在到来的新时代,其特征将是技术主义、理性主义和凭粮票配给的社会主义,它不是一种由内心、而是一种由头脑在无情地加以指导的社会精神。一个以组织为其本质的国家;只能是一个以内心深处的不信任在毫不关心地对待个人生命的国家,它的发展是无法估计的,而德国文化却只是从个人生命之中滋长出来的。

这些话就像是一座探照灯,把它的光线既投向前方也投向后方。我们正站在德国人民演化过程的主要转折点上。歌德时代的人是个性自由的人,同时也是"人性"的人,他承认并且实践着他对社会应有的"崇高、有用和为善"的职责。他最初是生活和发展在一个古典自由主义的综合体中,然后则是在打着瑙曼烙印的民族社会主义的综合体中;他越来越强而有力地和社会上的群众需要以及政治上的权力需要凝结在一起,也就是说越来越紧密地和具体地与那个包围着他的人民和国家的共同体结合在一起。这种个

人与集体之间的某种古老的关系，又一次在1914年8月的日子里的浪漫主义者的身上闪烁着光芒。这时候又一次在向自己作证的这种“人性的”人，会不会此后便由于把人们愈来愈压缩成为群众集体的那一切力量而被宣判绝种呢？我们暂把这个难题留在心里。它终究是会找到答案的，只要有此可能的话。

早在1915年就可以感到，这次8月的精神力量与社会力量的综合是不会持久的。它同时被左的和右的两个方面给瓦解了。和小李卜克内西[①]的名字联在一起的极左派的努力，属于正在出现的德国共产主义的历史；它会成为有历史意义的，如果德国人未来会从它那里接受某些烙印的话。我们现在所要讨论的德国社会的右翼方面的进程，当时却还没有触及共产主义。

这里就爆发了有关战争目的的争论。为着德国的未来，这时所要做的一切就是要摆脱由于轻率的战前政策而被导入那种有致命危险的处境。人们在同时把两个世界强国，俄国和英国都弄成了敌人。面对着这双方的敌人而要贯彻德国全部的世界政治的利益，那在物质上是超出了她的行为能力之外的。如果有什么是能希望的话，那就只能是从刚刚爆发的战争中获得不大的一份战果而已。就像是过去的胡伯斯堡和约[②]那样单纯地保住了自己，也会被评为是一场“胜利”一样。不过在资产阶级的领导圈子里，只

① 小李卜克内西（Karl Liebknecht，1871—1919），德国社会民主党领袖。——译注

② 胡伯斯堡（Huberts burg）和约，为结束普鲁士与奥地利之间的七年战争（1756—1763，亦称第三次西里西亚战争）在胡伯斯堡所签订的和约，和约规定双方基本上维持战前原状。——译注

有少数几个人能够上升到这种谦逊的观点。那是这样一些人,在他们的身上古典自由主义的综合体仍然余波荡漾,从而古典的人道理想和对于西方文化集体以及对于胜利要有节制的感情,也仍然在活跃着。但是在占有财富和自命为有教养的资产阶级的广大群众中间,这时占统治地位的却是我们在十九、二十世纪之交就已看到的那种汹涌的冲动:缺乏眼光的民族利己主义、选择政治手段时不加考虑、对欧洲集体生命的必需条件置之不顾,——这一切都和毫无批判地对〔德国〕自己的权力手段估计过高结合在一起。它想要成为一种现实政治,但却只不过成为了这样一种现实政治的反面。然而他们却自认为是代表着具有征服力量的近代人的现实主义。

于是在有关战争目的的这场争论中,同时就产生了一场德国人民本身之间的冲突。只有作为这样一场冲突,它才可能充分被理解。

我们缺少意义充分的字句来表达这两种〔德国〕人的实质。如果我们称一种人为权力型的人(Machtmenschen)而另一种为文化型的人(Kulturmenschen),那不免是一种很笨拙的表达方式。因为他们共同的教育背景,使得权力人以关心文化而闻名,而文化人也以关心权力而闻名。这一方和那一方,双方都只是在文化或权力的分量上有所不同而已。但是,一旦意识到了他们在某些特定的问题上(比利时、波兰、波罗的海)的对立是何等的深刻时,他们所选择的道路就必定要使他们分离得愈来愈远。有许多"权力人"确实会在后来极力否认被人说成是和阿道夫·希特勒一个鼻孔出气的。然而正是他们这时所选定的那条道路,就引到了后来希特勒在那上面扎下了他自己大营的地盘。

那另一种人的道路，则引向德国大多数的社会民主党的工人已经在其中安居的地盘。我们现在理解到他们对战争局势的稳重的估计和他们之放弃乌托邦式的战争目的以及放弃权力的呼喊。德国社会主义思想领域中的国际原则，迄今一直是被视作与民族主义原则相敌对的；但在 1914 年 8 月以后，当社会民主党人参加了民族阵线之后，它便越发地转变为民族观念的附庸。这时正在合流的世界公民国度和民族国家这两种因素的含量，就再一次呈现为多种多样的方式。

在国内政治的领域，社会民主党工人的道路也和文化人的道路汇合在一起，——假如我们可以使用这个有缺点的词句的话。工人也要求与有产者阶级享有充分的政治平等权利，既然他们在为祖国的战斗中已经作出了他们作为国家公民的同样有价值的贡献。以往所存在的这样一来就会把国家交到群众激情的手里那种担忧，就减少了，——假如群众内部的发展是健康的，假如它与革命的乌托邦脱离关系而且追求资产阶级的优美的文化理想的话。而这正是当时所出现的情况。还在战争的年代，就已经开始了一种大有希望的努力，要把两种德国人，一种出身于民族资产阶级，另一种出身于社会主义工人阶级，从内部相互结合为一体。甚至于古老的宗教皈依的冲突，也在这种新的可能性面前低下头来。社会民主党和基督教工会都参加了 1917 年秋建立的“为自由和祖国的人民联盟”，并与有人道思想倾向的资产阶级代表们结成了共同体。这就是后来中央党、多数派社会民主党和其他民主党的魏玛联盟正式的最初阶段，——也就是那个备受嘲讽的“魏玛体系”。

今天确实是只有那些曾经活跃在“人民联盟”里的人才知道一些有关它的存在的事，而同时那个同样也是建立于1917年秋天的“祖国党”，即与资产阶级权力型的人相对立的联盟，却始终是众口流传着。事实上，当时是祖国党才对政治事变发挥了更强的作用；那是通过它与统帅部相结合而有可能在君主制的最后几个月里对那软弱的帝国政权施加压力的结果。泛德意志的征服精神与国内重工业的和东德大土地占有的统治者们，就在祖国党内为自己创立了一个令人眼花缭乱的、可以隐蔽他们的真正倾向的机构。

这时有许多资产阶级分子，都以欢愉的热情，认为它是代表着真正民族利益这一幻觉之下，涌进了祖国党。参加进来的，还都是受过高水平的精神教育的人们。我们必须更仔细一些来观察这种类型的人，因为在他们身上能够特别清晰地表明他们精神结构的弱点。他们是那样一些人，他们能够欣然在理论上肯定一切古典自由主义关于精神与权力、民族与全人类的综合体，可是在这些综合体受到威胁的紧急关头，他们却任凭自己被诱导到一条骗人的和幻想的权力利益的道路上去。在全国到处都有着许许多多的教师、牧师和法官，他们都涌到他们所相信的这个民族精神的新集合场上来，却高高兴兴地忽视了当时他们那些领导人的浓厚的自私主义。例如，那些教会里的牧师们对待当代问题是何等之缺乏判断力而又因循守旧，我们从李特尔迈(Rittelmeyer)的优美的回忆录中就可以看到。

事实上，祖国党还重新扩大了资产阶级与工人阶级之间的以及旧的君主专制与新的人民群众之间的裂隙，——虽则，那在1918年8月的那些日子里曾似乎是已被弥补了的。至于对外方面，则战争是在祖国党的影响之下以一种并不能改善而只能恶化其后果的方式在进行着。因为只要祖国党的精神和它背后的泛德意志运动在支配着德国，就不用想有和对方进行和谈的任何准备，而对方在北美参战之后却已变得具有压倒的力量了。从这种局势出发，德尔布鲁克就在 1918 年 8 月 18 日的《普鲁士年鉴》(173 卷，422 页)上写道：

> 全世界都在要求、而且也有权要求德国人做出他们的保证，即泛德意志精神、霸权的精神、暴力的精神、仇视文化的精神、英雄主义的精神，并不是德国自己的精神。

他又在 8 月 29 日写道：

> 非到我们已经砸烂了泛德意志运动、它的战争目的以及它那亵渎神明的说教，……非到这时候，和平谈判的时钟就不会敲响，……

难道这些话不是逐字逐句地也适用于第二次世界大战期间我们〔德国〕整个的局势吗？我们还能再怀疑泛德意志和祖国党就是希特勒兴起的真正序幕吗？

第四章　战后的最初经历

在1918年秋天，崩溃终于临头时，最高统帅部决定放下武器，而基尔的暴动则把11月革命带进了行程；这时①，那些一阵风似地涌入了祖国党的分子就表出一种特征的转向。他们不想承认自己此前由于自己那种虚幻的兼并主义和自己阻碍了内政改革而走上了错误的道路，那条道路不但未能防止革命反而是促进了革命。他们把军事失败和革命归纳为一种因果关系，但却把因果颠倒了。对方的无法回避的而又不断在增长的优势武力，使得英勇作战的军队愈来愈陷入绝望而不得不屈服。这就是事实的情况。然而这时从右翼阵营中传出的——还可以证实是在11月革命以前就已出现了的——“背后一刀”这一神话却认为，革命分裂了国内阵线，把胜利从我们〔德国〕手中夺走了；在这一压力之下，统帅部就不得不放下武器。这种分裂行动的开端是在1918年8月以前就已出现了，但只是在军事局势已经变得毫无希望的那个时刻之后，分裂行动才增长到导致了革命的地步。背后一刀的神话的代表人物们不假辞色地埋怨那些所谓的失败主义者，即人民同盟的成员，说是

① 1918年10月4日德国政府请求停战，11月3日德国水兵在基尔暴动，11月7—8日慕尼黑发生暴动，11月11日停战协定正式签订并生效。——译注

失败主义者由于他们宣扬战争的目的要适可而止和他们整个的人道主义立场而削弱了战斗意志。

祖国党和背后一刀的神话一道，代表着德国资产阶级发展过程中的一个生死关头的转折点。关键在于这派资产阶级有很大而又很重要的一部分从此就越发遏阻了民主思想，——也就是说，遏阻了想要通过承认双方权利的平等并通过基于大多数人的意见而建立起一个人民政府来弥合资产阶级和工人阶级之间的以及民族运动与社会主义运动之间的裂隙的那种观点。然而对于拥护祖国党的那部分资产阶级来说，根据1919年魏玛宪法而建立的这种民主政府，在那种背后一刀的神话的轻蔑的眼光里，就表现为是对民族不忠的一种产物、是一种心灵的怯懦，也是群众的权力欲在利用当时的背叛行为而导致的失败。自此而后，那些在1917—1918年间和祖国党相勾结的分子，就在进行着一场公开的和秘密的反魏玛宪法的斗争。“魏玛宪法是在餐桌俱乐部里搞垮掉的”，一位敏锐的观察家齐格弗里德·冯·卡道尔夫[1]有一次对我说，——也就是说，在餐桌上聚会的那些学界和政界的大人先生们以他们那种荒诞的背后一刀意义上的苛责而把魏玛宪法弄得声名狼藉。一滴强烈的毒汁从而就渗入到战后整个的官场生活里来，它企图不是通过暴力和专政、而是通过和平评判式的社会谅解而重新引回到一个受苦受难的德国。

即使是从一种健全的民主观念来考察，魏玛宪法[2]也确实有

① 卡道尔夫(Siegfried von Kardorff，1873—1954)，德国政治活动家。——译注
② 魏玛宪法于1919年7月31日通过。——译注

着严重的缺点。它为最高政权结构所提供的巩固而连续的权威是太小了，而对浮沉变化着的政党的依赖性又太大了。就在魏玛联合内阁[①]的那些党派里，也存在着许多不愉快的现象、目光短浅的权势欲和作用决非小可的这一事实，即那些参与其中的阶级长久以来都被排摒在政权席次之外，却突然之间享有了权力。在那些正急于贪饮落到自己口边的权力酒杯的人里面，就有许多犹太人。他们在一切怀有反犹情绪的人看来，就像是德国的挫败和革命的既得利益者。除了这些既得利益者而外，所有其他的德国人似乎都是无可挽救地沦入了悲惨的境地。

在1920年代初期，战胜国的手掌仍然沉重可怕地压在我们〔德国人〕身上。只要说一下“凡尔赛和约”[②]这几个字，并回忆一下由它而来的思想上的和物质上的后果就够了。每个人的生存这时都受到了通货膨胀的摧残，它吞没了一切的收入和储蓄。在糟糕的1923年里，当法国人入侵鲁尔地区时[③]，通货膨胀已成为脱缰之马。这时又还有背后一刀这种神话的心理作用。人们愤懑地在自思自想，难道我们不会是这场世界大战的胜利者吗？若不仅仅因为是自己队伍内部的背叛，难道我们不会赢得胜利吗？成千上万曾经参加过世界大战的那支庞大军队的被遣散的军官们，这时流落在街头；他们以自己往日备受尊敬的地位和目前为了每天

① 1923年8月12日由人民党领袖斯特莱斯曼(Gustav Stresemann，1878—1929)组成人民党、社会党、中央党和民主党的联合内阁。——译注

② 1919年6月28日德国作为战败国与战胜国协约国之间的和约在巴黎近郊凡尔赛宫的镜厅签字。——译注

③ 1923年1月1日法军和比利时军侵占德国西部工业区鲁尔。——译注

的面包而挣扎的悲惨境地相比较，觉得自己就好像是尊严扫地的英雄。从那些在战后镇压共产党骚动中起过决定作用的志愿队(Freiwilligenkorps)中，出现了大量的秘密组织，它们梦想着不久的将来进行一场新的举事。1920 年春的卡普政变[①]是第一次的尝试，但很快就失败了。然而当 1922 年秋天，墨索里尼的民族主义革命在意大利获得成功，并且他的法西斯民兵能够进军罗马而没有受到国王维克多·依曼纽尔[②]正规军的阻挡时，它又在我们〔德国人〕中间唤起了要去做同样事情的冲动。当然这要靠凡尔赛和约给我们留下来的那支小小的国防军(Reichswehr)的帮助。“国防军周围有一群黑〔非法的〕组织”，当时有一位消息灵通人士向我这样说。国防军的领袖冯·赛克特[③]将军的表现，在民主国家政权机构的范围内，确实是正确的。但是古老的普鲁士—德意志的军国主义，以其炫人耳目的品质并以其思想的以及人生价值观的狭隘性，却仍然活跃在那些特选的精英们的身上，他们当时构成了国防军的军官团。对于这一点，我们还将更深入地加以讨论。

从这些因素、事变和印象之中就形成了第一次风暴的浪潮，它带来了阿道夫·希特勒的事业。当希特勒在 1923 年 11 月 9 日发动慕尼黑政变时，他失败了。尽管后来几年出现了经济方面的改革，但是德国的社会情况仍然是那么混乱和动荡，以致希特勒并没

① 卡普政变(Kapp Putsch)，1920 年 3 月 13—17 日德国保皇派发动的政变，由于工人罢工而告失败。——译注

② 即维克多·依曼纽尔第三(Victor Emanuel Ⅲ，1900—1947)，意大利国王。——译注

③ 赛克特(Hans von Seeckt，1866—1936)，德国将军。——译注

有放弃希望要利用这一点来从一条新路上达到夺取政权的目标。这条道路的公开阶段，我们在这里不感兴趣；但是我们却要探讨另一个更深刻的问题，即使得希特勒的胜利终于成为可能的那场德国人民的转变问题。我们已经看到了他在其中所找到的东西；我们还要看德国人民是怎样以一向是自觉的而又是有成果的那种审慎的方法而竟然进一步变成为一种堕落的新—德国的希特勒的人民的。

第五章　智人和强人[①]

在近代文化和文明中，人类的一切都来自灵魂生活中的合理的(rational)和不合理的各种力量之间一种健全的、自然的而又和谐的关系。因为正是这一近代文化和文明在以其特殊的形态威胁着这种平衡。非常概括地说，——但这对我们的目的已经够了，——合理的领域是指悟性(Verstand)和理性(Vernunft)的力量，而不合理的领域则指感情、幻想、渴望和意志的力量。归根到底，理性，也就是合理的能力，应该是能驾驭灵魂全部汹涌澎湃的演出的。但是理性自身要达到尽善尽美，也必须从不合理的力量中汲取营养。感觉必须把它引到一条通向善、达到限制自私自利、达到一切道德和宗教的目标的道路，幻觉也必须把它引到通向美并从而使灵魂由一心为私的欲念之下解放出来的道路。感情和幻想一道，必须促进悟性的了解世界的任务，也就是培养和指导对知识和真理的追求，但却是巧妙地、有节制地，而不是强迫。而意志则在真、善和美的全部领域里最后都要成为执行者，并有责任服从于理性女王，这位理性女王来自灵魂力量的整体，乃是在塑造着、

① 按本章标题原文为 Homo Sapiens und Homo Faber，系作者故意使用两个拉丁文学名。——译注

平衡着和引导着一切的女主人。其中任何一个的片面发展，无论是合理的或不合理的灵魂力量，都会威胁着破坏整体，并且越走越远，最后将能导致对个人、对群众、对整个民族的灾难，如果一场事变的风暴把它们推向危险的方向去的话。

这样的一场风暴这时候就扫荡了德国民族，只有很少数的人能够完全顶住它。但是我们在这里所要讨论的，只是在希特勒时代德国民族所表现出来的那种丧失平衡。

我们应该明白，各种政治倾向和文化倾向的大体系，当它们在历史上一一相继在决定着人们的态度和行动时，都是和灵魂的平衡关系紧密相联系在一起的。每一套鼓舞人心的思想的新星座，都引向灵魂各种力量之间的新配备和新交织，或者就是从其中直接得出来的。但是其间也还为无数细微的差异留有充分的余地。例如，我们很容易在自己的眼前忽视从理性主义的启蒙运动转化为非理性主义的浪漫主义的一些基本特征；然而在个人身上，伴随着这一转化的灵魂重行组合的景象却是无比丰富的。这样一种个人间微妙差异的财富，我们也许只好待到那种在希特勒时期堕落了的德国人民的身上出现了；但是我们或许也在他的追随者或者受他影响的人们那里发现，他们的主要趋向和灵魂结构确实还有许多其他的根源。我们在这里主要地将只限于这类〔希特勒德国〕人民身上所出现的典型性的东西。

古典自由主义对权力和精神等等的综合，是建立在合理的力量和不合理的力量之一种特殊微妙的配备之上的，它们通过一种特别精致而个性化的繁复的交织而彼此相依赖着。但是近代文明的渗透影响，则是不利保持这样一种平衡关系的。特别是近代职业生活的形式，使得生活都被打上了机械性的烙印，生活目标都规格化了，而灵魂生活的内在的自发性却式微了。我们可以想想担任国家公职的那种考核体制的扩大化。以符合官方规定的目的为基础的合理计算，在这里就取代了被灵魂的全部力量所哺育的那种自由倾向的地位。

这只不过是外部的理性化能导致灵魂的内部损伤的许多事件中的一个例子。我们必须把它们联系起来加以研究并做出阐明。这里可以提到几年以前有一位很好的观察家曾提醒我注意过的一桩特殊典型的事例，因为它确实有助于理解希特勒时代的〔德国〕人中间所反复呈现的特性。

这位观察家还在第三帝国以前的时代就说过，现在情况往往是年轻的技术人员、工程师等等都在高等学校受过良好的专业教育，完全地献身于他们的事业长达十年至十五年之久，从不向左或向右看一眼，勤勤恳恳地只一心想成为一个专业家。然后，到了他们三十多岁的中期或晚期，某种他们所从不知道的东西就在他们的心里觉醒了，那是某种在他们的教育中所从未曾真正遇到过的东西，——是某种我们可以称之为被压抑的形而上学所需要的东西。于是他们就如饥似渴地投身于任何具体的理想事业、任何一种当时正风行的事情，并在他们看来无论是对人民的还是对个人的幸福都是至关重要的事情，——戒酒也好，土地改革也好，或是优生学或各种神秘的学问也好。这时候，以往的那位严谨的事业家就转变为某种预言家或一个梦想者，也许完全成了一个宗教狂和偏执狂。于是就出现了世界改革家类型的人物。

在这里，我们就看到对知识的那种引向繁复的技术分工的片面训练可能导致被忽视了的非理性的灵魂冲动的猝然反应，但不是导致批判性的修养和富于创造性的内在能力的真正和谐，而是导致一种新的片面性，在狂乱无章地四处乱抓。

我们相信在许多纳粹领袖的身上就能看到这种类型。例如，阿尔弗莱德·罗森堡[①]开始是一个技术专家，后来却投身于那种盲目的历史—哲学的复合体里面去，并在他的《二十世纪的神话》一书中把它宣告给全世界。然而一种技术性的职业并不总是必需先行于世界改革家的狂热。只有头脑发热并具有自以为是的改造冲动和野心的人，在被强加以今天技术规格化的工作转运条件之下，才很容易在灵魂与他们周围世界的冲突之中失去内心的平衡，并且熊熊地燃烧起来。那个小小的油漆匠而兼彩画匠的希特勒，曾经一度不得不在建筑行业中挣他那一点点面包，却从此把他对犹太人的仇恨提升为一种具有瓦解世界的作用的世界观，就是这样的一个例子。

技术强而有力地渗透到实际生活中的各个方面，已经召唤来了大量的新行业，从而也就终于在生活中召唤来了新的社会阶级；他们的灵魂结构显著地不同于以往的那种阶级，既不同于那些古老的农业国家的，也不同于从那里面兴起的资产阶级的。一种朝着实用的与直接有用的东西定向并高度集中在这上面的心智，于是就占据了灵魂生活的中心。靠它就可以取得高度的成就，随之则是文明的惊人的进步。而人类其他的灵魂力量，只要没有因此

① 罗森堡(Alfred Rosenberg，1893—1946)，纳粹理论宣传家，二次大战后作为战犯被处决。——译注

受到压抑，却会报复它们自己的，或则是通过上面刚刚提到的那些狂热的反作用力，或则是通过一种普遍的腐化和堕落。感觉和幻觉，仿佛确实是要在发疯和颓废二者之间做出抉择的。而大多情况是，它们就选择了后者。在人心之中，感官上的愿望和渴求在过去、现在和将来都永远是不可摧毁的，于是由于技术和文明进步而来的大量的新对象，就使得人们的愿望朝着它们定向。而意志则现在又由于运筹和计划的智能已学会了在外在的生活中实现神话般的可能性，便获得了强有力的推动和高涨。的确，19 世纪末和迄今为止的 20 世纪，一点也不缺乏强而有力的能量。那种运筹的智能更多的是朝着实际上的目标、而非朝着知识上的目标定向的。它和聚集起来的意志力量相结合，就掀起了一场又一场猛烈惊人的风暴，并只有在物质生活享受的那种休闲之中才得到解除。这大体上就是本世纪的天才们所提供的一幅画面，它全然不同于古代末期的那幅画面；而人们却往往以我们的时代与之相比，认为它们都开始表示出没落的征兆。

让我们暂且把这个历史考察的比较问题放在一边，并且现在最好是问一下，在灵魂生活的巨大改组之中，理智女王——即我们全部其他的灵魂能力的那位理性的而同时又是超理性的女主人而兼女友的理智女王，——变得怎么样了？当然，我们指的并不是旧的理性主义的那种枯燥无味的理性女管家，而是指在歌德的遗嘱中所说的那种：

哪里生命在享受着欢乐，
哪里就充满着理性。

古典自由主义的综合所形成的这种歌德时代的更高一级的理性，却不大适合突如其来的技术时代。于是 Homo sapiens〔智人〕就被 Homo faber〔强人〕所取而代之。人们所追求的不再是各种不同的灵魂力量的和谐，使每一种都能保持自己的生存空间；而是每一种都以牺牲其他各种力量为代价而片面地追求自己的最高成就。甚至于技术人员，这时候也大谈其“理性”应该主宰人生，——而我们〔德国人〕又是多么经常地从希特勒的口里听到“理性”这个名词，——他们用这个名词所指的往往只不过是运筹计算的智能、精明的能力和混血儿的形而上学这三者的新三角联盟所提出的需要而已。

另外也还有某些东西是高于一切理性的，——即，上帝的和平、宗教。它不是一种具体的灵魂力量，而是一种出自灵魂整体并为了灵魂整体的灵魂需要，它唤起人们从内心里保持人们的共同生活，并沟通单纯的劳动者和个性发展了的文化人双方之间的联系。就连宗教也不适合于技术时代。它从它所占据的那种生活中心的地位被挤到边缘上来，——而且不是作为以前时代的一种残存的而又多余的资源而被漠然抛弃，就是作为对下层群众的安宁和秩序的一种有用的习俗和策略而在实用上被保存下来并予以相应的尊敬。真正的宗教所仍然存在的东西，或则是保存在个人的灵魂之中，或则是在乡村的寂静的社团圈子里。这类团体也在官方教区之内始终不断在重新形成着。而天主教会以其世俗的手段，在这方面要比新教教会更易于一视同仁地在信徒们中间散布光和热。

真正虔信的基督徒，是受到这种新技术、功利主义精神的有害影响最小的人。他们不管时代怎样,继续在过着他们高度的基督教生活,正像他们的父辈和祖先们所曾生活过的那样。

希特勒运动是怎样地也波及到宗教和教会并向它们斗争的,以及在希特勒主义崩溃以后,宗教当时所面临的任务是什么;关于这些,将在以后再谈到。

第六章　军国主义和希特勒主义

近代技术—功利主义的精神，——它与希特勒〔德国〕人民的联系，我们在上面已经思考过了，——早在一个半至两个世纪以前，在腓德烈·威廉第一所创建的普鲁士军国主义之中就有了它的古老的原型；——而这桩事实就我们所知道的而论，还从不曾被人考察过。这一我们多少已提到过的原型，却格外牢固而深刻地给〔德国〕人民打上了烙印。这时出现了一种普鲁士类型的军官，他们既与其他国家的军官类型、又与其自己本国其他职业的类型形成鲜明的对比。其中决定性的因素，就在于使一种确切合理的思想对人生中不合理的本质取得绝对的统治权；这种思想乃是一种无条件地、绝不瞻左顾右地献身于职务以及献身于赋予他以这一职务的那个最高的战争主宰，从而使最高度的完成任务体现出一种绝对的价值，——既在练兵场上，也在战场上，而在练兵场上用的是一套精心规划的运算和技术。因为人就是在那里训练出来的；也就是说，要按一种合理的规划造就成这样一种人，他们要学会为着一个并非是由自己所规定的目的而盲目地献出自己的生命。在这里，一个人就成了一座大机器中无数齿轮中的一个，这座大机器不仅为了要在战场上的风云雷电之中怒吼，而且还要在长期的和平岁月中作为一件机械构造品而在国家权力的服务中作出

重大的贡献；它自身就被当作是一种目的（Selbstzweck），而国家中的一切都必须向它屈膝。

这一点乍看起来似乎是对普鲁士军国主义的一种片面的描绘，但它是在18世纪的征兵制、地区兵役制（Kanton pflicht）和正规战术的时期形成的。因为即使是用彻底机械的办法，这种人工造就的并由人类生活所形成的机械构造，也不可能全部有效地加以实现。在普鲁士军官的身上仍然保存着昔日骑士风度的和陪臣效忠的那种感情；而且在各地区被征集服役的人们的身上的乡土感情和一种父家长式的对国王的忠诚，还可能成为道德的动力。但是军官们的以及士兵们的灵魂生活，在整体上却始终是和那最大限度地完成军事任务的合理目标紧密结合在一起的，并且是朝着它定向的。坚强的性格在这种生活方式之下，很可以上升到人性伟大的高度；而像法国大革命以后的和歌德时代的那种强而有力的精神激荡，也可以从灵魂的非理性的领域里汲取新鲜的血液。在腓德烈·威廉第一的年代里机械化了的军人性格和训练精神，也继续存在于沙恩霍斯特[①]和博因以普遍兵役制所组成的军队里。1815年以后，博因在反对正规军的那种严厉的和排他的精神而提出他那较为自由的、较为人情味的但确实在技术上性能较差的民兵（Landwehr）原则时，他仅仅获得了很有限的成功。国王威廉第一[②]和隆恩[③]所改组的陆军，进行了德国统一战争并获得了胜

① 沙恩霍斯特（Gerhard J. D. von Scharnhorst，1755—1813），普鲁士将军，军事改革主持者。——译注

② 威廉第一（Wilhelm I，1861—1888），普鲁士国王，德国皇帝。——译注

③ 隆恩（Albert von Roon，1830—1879），普鲁士国防部长。——译注

利。这确实是正规军原则的第一次胜利。从此以后，直到两次世界大战，它都能保持自己作为一个连续体，始终在使自己不断地重新适应着时代。

这时，19 世纪那种由大机器而来的新技术—功利主义的精神，就在根据早期的技术而已经臻于完美的普鲁士军队的形象之中找到了某些非常亲密的东西。它那合理化的过程，这时就随着19 世纪所进一步教导的专业知识的彻底性而能够前进得更远。于是就出现了这个口号："武器就是科学，科学就是武器。"随之而来的，便是它促进了历史性的伟人的坚强性格的发展，也促进了精神高雅的人们所创造的硕果。于是在普鲁士—德意志的军国主义之内也就形成了一种核心组织，那里面集中了这种军国主义的一切有用的特性，而且可以说是以纯文化（Reinkultur）而被培育起来的：那个组织就是参谋本部。在它那里面，科学性、合理性和能量是结合为一体的。而这个组织的生命力是如此之强韧，并对它所造就的那种类型的人打下了如此之牢固的烙印，以至于它本身靠着一种伪装的机构竟然经历了本来是要把它摧毁的那个凡尔赛和约而存活下来了，——那些伪装的机构就是某些国家档案馆之类的机构，过去参谋本部的人员就在那里面研究世界大战史。于是这支十万人①的国防军，就可能为这种参谋本部的精神所灌溉，而小小的国防军干部队伍就又能复活一支第二次世界大战的庞大军队，并为此创立一个参谋本部来继续以往的传统。敌人②的尖

① 凡尔赛和约于 1919 年 6 月 28 日签字，其中规定德国军队总数不得超过十万人，德国便以这支队伍作为预备军官，从而后来有可能扩充为一支强大的国防军。——译注

② "敌人"指第一次世界大战的战胜国协约国。——译注

锐的目光并不是毫无理由地在这一参谋本部里窥见了我们的军国主义的精髓，并且认定他们自己的任务就是把它连根拔掉。

在参谋本部中达到登峰造极的这种普鲁士—德意志军国主义，尽管终究总是证明其本身是效能极高的，——然而那却是一种通过危险的片面性而获得的效能。这就摧毁了那种合理的和不合理的动机两者之间的平衡。纯军事的效果在思想和愿望中占有最高地位。军事和战争不应该成为自身的目的，而是必须始终在一个民族的共同生活中尽其服务的功能，而且不仅仅是一个民族的、并且还是各个民族的大家庭的；——这一点可能在理论上是被参谋本部中最明智的头脑所认可的，但在实践上却落到参谋本部思想的背后去了。参谋本部缺少必要的政治思想方面的补充，但政治思想却只有与民族的全部文化生活相接触而运动着的时候，才能保持健全。不过，共同生活中各个不同环节之间的整个这些接触和联系，在第一次世界大战以前的几十年里就变得越来越松弛了。这一点的例了就表现在有名的史利芬[①]作战计划之中，这个计划由于过分抬高了纯战略的原则而忽略了德国进军之假道比利时可能有什么样的政治上的后果、以及作用会进一步加大并终于改变军事上的形势的后果。在这里，Homo Sapiens〔智人〕便被Homo faber〔强人〕所取而代之。

我们已经说过，合理的和不合理的动机之间的平衡是被破坏了，而且确实是由于过分强调技术—合理化的动机而被破坏的。

① 史利芬（Alfred Schlieffen，1833—1913），德国将军，于1905年主持制订史利芬计划，要点在于以大兵团加强右翼，突破比利时，迂回并包围巴黎。——译注

无论如何，这些紧张地而又鞠躬尽瘁地在工作着的参谋本部的军官们的非理性的动机，不仅是一种荣誉心而且也是一种高度的责任感和真挚的爱祖国的感情，这是从来没有人能够否认的。然而人们在观察他们时，却不会是很愉快的。这些战争的技术专家们身上缺少的是对于历史生命的总体的全盘理解。因此，对那些超出技术—军事理解力所能掌握的范围以外的事物进行估计，他们就可能犯致命的错误。

由早先的参谋本部和军官团转入国防军中的大部分人员都犯了这类严重的错误，他们早在 20 世纪 20 年代就开始对希特勒这颗上升着的明星表示同情了。他们被这一〔希特勒〕运动所射出来的那种最高度的民族精力的表象给蒙蔽了。我们不可忘记，希特勒运动在起初只是和其他有关的民族运动相并行的一个特别强大的流派而已，人们通过这些流派在绝望地而又愤怒地在抗议着凡尔赛和约。然而激动不安的，却绝不仅仅是旧军队中成千上万名被遣散的军官而已。我们已经听说过，国防军是被一些黑社会组织所包围着。1923 年的政变企图已告失败，但它那精神却随着公共生活中每一次新的不景气而重新燃烧起来。接踵而来的便是 20 年代后期和 30 年代初期严重的经济危机和可怕的失业；这时候希特勒运动就强而有力地壮大起来，而它和国防军的关系就进入了一个尖锐的新阶段。

国家社会主义在 1930 年 9 月选举中获得巨大胜利①以后，对

① 1930 年 9 月 14 日德国国会选举，希特勒的国社党获 107 席（原仅 12 席），社会党 143 席，共产党 77 席，其他各党均有不同程度的损失。——译注

乌尔姆的青年国防军军官的那次起诉就表明，这个社会阶层开始接受了希特勒的宣传。就在这一年，有一次我不无担忧地问过一个与国防军接近的陆军上校关于国防军的一般态度。他带着一种沉思的神情回答说，“国防军将永远站在国家最重大的利益那方面。”过了几年后，当第三帝国的太阳照耀着国防军而重整军备也已经开始时，这位军官已晋升为将军，他又以一种胜利的神情提醒我他以前对我做过的那个回答。使我感到较为高兴的是，1930—1932年之间有一次我从国防部长格罗纳[①]的口里听到的话：“要问国防军站在哪里，这完全是错误的。国防军做它奉命要做的一切，如此而已！”那时候，我倒并不怀疑国防军在一个像兴登堡那样的总统的权威之下，当事态紧急而被用于反对希特勒运动时，也会同样克尽他们的职责，正如他们在十年前曾尽了他们的职责一样，尽管他们身上有着对希特勒的积极的同情。可是，这种同情确实是愈来愈破坏了国防军对于大多数人民在魏玛所制定的宪法的尊敬。而且难道我们没有看到当时有民主思想的大多数人民，这时候在希特勒炽热的风暴之下越来越销声匿迹吗？现在我们就必须来看这一点。在当时的德国青年中间弥漫着一种如醉如狂的情绪，其中既有那些在世界大战中扛过武器的人们，也有那些在凡尔赛和约的令人沮丧的影响之下成长起来的人们。在物质上，他们渴望着就业、收入和提升的机会，而在思想上他们则渴望着某种能给心灵和幻想带来激荡的东西，——某些值得为之而生活的理想。魏玛共和国确实是建立在一个非常理想的基础之上，一个在政治

① 格罗纳(Wilhelm Groener，1867—1939)，德国将军、政治家。——译注

上成熟的民族整体都应该为它而生活和战斗，——那种理想是要在工人阶级和资产阶级之间终于成功地建立起一种民族共同体，也是要一切以往公开宣称与国家为敌的各部分的人民都应当渗透着一种健康的、决不夸张的而且是包含有一切人道价值在内的民族感情。在魏玛共和国中，与此相联系在一起的则是一种坚定的意志，要坚忍而缓慢地通过对战胜国的稳步的、哪怕是微小的妥协而一个一个地解除，或者至少是解缓凡尔赛和约的死结。这是当时在政治上唯一现实主义的、可能逐步摆脱那些死结的方法。任何其他方法迟早都有引起一场战争的危险，而再有任何一场战争，正如后来所出现的那样，就会导致一场德国的浩劫。

然而这种说法，对于1930年如饥似渴的青年们来说，都有着太多的理性和太多的听天由命了。“你们没给我们提供任何理想”，从他们的行列里喊出了反对魏玛人的呼声；“我们不能对你们满意”，——而这一点正如我们已说过的，同时既是在物质方面，也是在理想方面。青年人中间有着一种自然而然的冲动，要集会结社鼓励人心，要在凡是可能的地方就采取迅速的行动。于是在20世纪30年代初期，就有许多可贵的然而在政治上却是不成熟的青年人，聚集到希特勒运动的SA〔冲锋队〕[①]里来。我们可以说，希特勒是通过一场典型的、然而同时却又盲目的青年运动而取得政权的。

“非向这些意气风发的青年们开枪不可，那会是件可悲的事，”国防军的队伍里都是这样在说着。我把这话说给了格罗纳，他却嘲

① 冲锋队原文为Sturmabteilung，缩写为SA。——译注

讽地说:“好像在其他阵营里就没有许多可贵的青年似的!”确实,其他那些青年并没有像希特勒阵营里的这样炽热地被燃烧起来。

这里,我们再回到国防军内部的潮流上面来。我们现在也要谈到,对希特勒日益增长着的友好态度最起作用的物质动机是什么。国防军的行列里在喊价说:我们要给你们缔造一支彻底伟大的军队,比你们自己今天想象的要伟大得多。这对于那支十万人的军官团,又是多么令人眼花缭乱的一副能在生活中迅速晋升并有用武之地的前景啊!而这对已被遣散并且现在生活艰难的大量原来的军官来说,情形也是一样的。

恢复普通兵役制这一解放战争的传统,对于厌恶希特勒运动的人们也可能是一种理想很高的目标。然而就当时存在的历史形势而论,它的确可能是、而且必须只能是一种没有具体的军国主义的普遍军役制;因此是某种近似于瑞士类型的民兵。一些稳健的同时又有深厚民族感情的政治家们,像勃鲁宁和格罗纳,这时都认为有可能和战胜国进行谈判来达到这一点。“我们的计划是”,后来格罗纳这样告诉我说,“实际上听任国防军大体照旧,一如既往,仅仅在重武器方面有所扩充,但却是建立在由新征集来的并受过半年训练的‘边防部队’的普遍兵役制的基础上,实力约为 20 万人。我们向英国和意大利提出了这个计划,并取得了他们原则上的同意。我们正要向法国提出,——在这时候我们倒台了。”(它〔勃鲁宁内阁〕是 1932 年 5 月 30 日倒台的。)[①]

① 按:勃鲁宁(中央党)于 1930 年 3 月 27 日组成联合内阁,同年 5 月 30 日辞职;格罗纳任勃鲁宁内阁的国防部长。——译注

我们后面将会看到勃鲁宁和他的同僚们的其他一些富于前景的计划。然而在这个事例中,就已经饱含着这一历史可能性,即勃鲁宁和格罗纳的政府有可能通过使国家能量获得有价值的成就而刹住希特勒运动满帆前进的风向。这样,德国和欧洲就可能免于第二次世界大战的那场浩劫。我们的确可以肯定地说,这种可能性是能够成为现实性的。然而这个问题也和世界历史上那么多的歧路一样,在它那里一种健全的可能性是被人忽略了,而一些不健全的现实性却为人所采纳;——它是那么之聚讼纷纭的一个问题,而又是那么经久不息地始终在人们的耳旁荡漾着。

然而按我们的信念,德国的、从而以及欧洲的命运,首先是有赖于国防军和它的态度、感情与倾向。它在自己的手里掌握着国家权力的重心。它确实不会、也不肯根据自己的决定而直接干预国家权力,但归根到底它是会听从共和国总统的命令的。在同时兼大元帅的这位总统[①]和国防军之间,存在着一种互相依赖的关系。国防军听命于他;而他也听从国防军,并让国防军所感受到的一切都进入到他自己的灵魂里面来,——他就是国防军的血肉的血肉,是普鲁士—德意志军国主义的真正的苗裔,这个军国主义曾经产生过那么多的有才干的专家,但却那么少有政治远见的头脑。并不是总统在他自己的决策上要想径直遵循国防军的意愿。那种联系倒并不如此之简单。直到他变得麻木不仁并请出希特勒来之前,他曾经长期倾听过政治家们的理性的声音。如果我们要从灵魂最深邃和最根本的层次上追问,究竟是什么思想使得他这样做

① 指兴登堡。——译注

的，那么它就只可能是普鲁士—德意志军国主义了。所以我们可以把这种军国主义当作是确实极其强有力地促进了第三帝国的建立的那种历史性的力量。

始终屹立于这种照例是很狭隘的军国主义的范围之外的，则是那些更自由化的、政治上更敏感的和有着人道主义教养的人们，他们是沙恩思霍斯特、格奈斯瑙[1]和博因传统的继承者。他们中间有国防部长、后来任内政部长的格罗纳和当时任国家档案馆馆长并领导战史研究的陆军少将汉斯·冯·海弗坦[2]。我有幸和他们两个人有着友好的关系并经常往还。甚至于在这两个对希特勒运动深为反感的人的身上，我于1931—1932年的冬季也怀着日愈增长着的忧虑观察到有一种宿命论的心情。海弗坦有一次深深激动地高声向我说："眼看这股洪流不断在愈长愈高；我们会无法阻止它的。"而格罗纳则想向它要挟，并号召个别的国家社会党人参加政府。他还接待过一次希特勒，使自己置身于希特勒的滔滔不绝的讲话之前；他向我们谈起，希特勒是怎样两眼凝视着天花板，大肆宣扬佛陀和孔子的。后来在格罗纳本人倒台以后，我相信他也承认，要和希特勒达成谅解的这一冲动乃是错误的。有一次我们一起散步，他停了下来，用他的手杖敲地，大声说："我们早就该用武力把他们镇压下去。"我充分地理解他这番话，因为我早就感到了希特勒精神与健康的德国精神之间的鸿沟之深。当它涉及德国整个的未来，涉及她政治的、精神的以及道德的健全时，那就必

① 格奈斯瑙(August Wilhelm Gneisenau，1760—1831)，普鲁士元帅。——译注

② 海弗坦(Hans von Haeften，1870—1937)，德国军事学家。——译注

须要选择一场生死斗争了。

格罗纳当时确实是身患糖尿病,这是我们不能完全忽视的事实。这种病或许妨碍了他的充分的精力。我猜想,他还受到他在国防部中的主要同僚、那个狡猾而又诡计多端的冯·施莱彻尔[①]将军的影响。这又代表普鲁士—德意志军国主义和参谋本部之间的另一种微妙的情况。作为第一次世界大战的一名参谋本部的人员,他已经有一种动机要从事于比单纯的参谋本部更多的工作,——即作为一个政治人物而起作用,并以巧妙的建议在幕后操纵人和事。(路德维希·柏恩哈德[②]是个知情人,他有一次告诉我说,格罗纳于1918年10月被最高统帅部提名为鲁登道夫[③]的接班人,就是根据施莱彻尔的建议。)施莱彻尔那种做法令人想到枢密院(Geheimrat)的弗里兹·冯·荷尔斯泰因[④]那位在布娄[⑤]手下暗中操纵德国政策的恶魔。然而作为一个政治人物,施莱彻尔感到自己是和现实政治(Realpolitic)中的伟大人物,是和马基雅维里与俾斯麦的精神相接近的。他把政治生活看成是一场可以进行计算的各种力量之间的竞赛,一个人可以脱离一切成见和党性教

① 施莱彻尔(Kurt von Schleicher,1882—1933),德国将军。1932年3月13日兴登堡当选为德国总统,5月30日勃鲁宁内阁倒台,31日巴本(von Papen)组阁,施莱彻尔出任国防部长。同年11月17日,巴本内阁辞职,12月12日施莱彻尔组阁任总理。1933年1月28日施莱彻尔内阁辞职,30日希特勒出任总理。6月30日希特勒进行大清洗,施莱彻尔夫妇被害。——译注

② 柏恩哈德(Ludwig Bernhard,1875—1935),德国经济学家。——译注

③ 鲁登道夫(Erich Friedrich Wilhelm Ludendorff,1865—1937),德国将军,第一次世界大战时任德国参谋总长。——译注

④ 荷尔斯泰因(Fritz von Holstein,1837—1903),德国外交家。——译注

⑤ 布娄(Bernhard von Bülow,1849—1929),1900—1909年任德国总理。——译注

条，根据高明的艺术加以操纵而使之有利于自己的国家。运用之妙，对他来说，才是头等大事。国家社会主义的危害性，他是一清二楚的，而且看来他从未想到过要把整个国家的命运交付给它。但是这并不排斥他部分地利用它来谋求对国防军和国家有好处。他也相信能够通过机智的、妥善的让步而把狂风暴雨纳入渠道。后来他参加巴本[①]政府任国防部长时，便是这样行动的。但是在这以前，当格罗纳于 1932 年春担任部长时，他在一个很短时间内，就来了一个彻底改变战线。这里我根据的是格罗纳的陈述。也就是说，施莱彻尔最初是赞成并支持格罗纳的观点，即终究是要给希特勒运动一个有力的打击的，因而在 4 月 13 日便发出了对 SA〔冲锋队〕和 SS（党卫队，Schutzstaffel）[②]的禁令。格罗纳当时对我说："这件事做得正是最佳的时刻，而且幸运的是做出了这件事。"但是当 5 月 10 日格罗纳必须在国会答辩对冲锋队的禁令时，却由于身体不适而对答辩做得十分拙劣和站不住脚，从而使得许多人大失所望；施莱彻尔便突然在 24 小时之内转变了过来，宣称这一对冲锋队的禁令是不能实行的。他就这样从背后打击了他的部长，并因此而很可能决定了勃鲁宁—格罗纳政府的倒台。他本人作为格罗纳的后继人以及后来作为短命的德国总理的那些实验，使他自己也陷入了他曾为格罗纳所掘出的那座陷阱。他最后的命运是在 1933 年 6 月 30 日被纳粹党人谋杀，这是人所尽知的。

让我们再回到我们的论点上来，继续阐明军国主义和希特勒

① 巴本（Franz von Papen，1879—1969），德国外交官，1932 年任总理。——译注

② 党卫队又名黑衫队。——译注

主义之间的联系的普遍历史契机。

Exercitus facit imperatorem〔军队里出政权〕是一句古老的格言。它不仅意味着军队是以罗马皇帝禁卫军的那种方式来选择统治者，而且还意味着国家政权在任何时候往往都是以一种隐蔽的而非公开可以察觉的方式，在根本上要取决于其武装部队的愿望和意志。一个健全的国家的理想目标确实是正好相反，它的武装部队应该始终只是统治者的意志的执行机构。但是历史生活的现实却表明两者间有一种根本性的互相作用，并且从而国家的意愿会深受军方性格的影响。于是，希特勒运动的命运这时就高度地取决于国防军的态度和愿望。大概没有人比希特勒本人更好地懂得这一点了。他迷惑了国防军，并把他们引到自己这方面来；这个成功非同小可。这个国防军的圈子对希特勒运动的民族价值之缺乏判断力，又是与普鲁士—德意志军国主义的片面性、与其高度发展的技术精神及其专业训练紧密相联系着的，——结果就只能造成缺乏对其他一切内部生活力量的接触以及在整个有机体内部运转的血液循环。沙恩霍斯特—博因的精神的反作用，始终只能收获到有限的成果。一个像施莱彻尔那样玩弄手段的将军，要靠拙劣地模仿俾斯麦式的实际政治的办法来掌握命运的车轮，下场就只能是走入邪路。

国防军从希特勒那里获得他向他们许下的诺言。扩军和重整军备开始了。然而或许是很多国防军的将领们都怀着的那种希望，——即“exercitus facit imperatorem”〔军队里出政权〕这句话也会得到证实的，并且在第三帝国中最后拍板定案的是国防军而不是党；但是这一点却并没有实现。反倒是党慢慢地、有眼光地、

一步步地取得了对军队的精神控制权。这一进程在劳希宁[1]的《虚无主义的革命》(*Die Revolution des Nihilismus*)一书中有着出色的论述;此书是第二次世界大战之前在〔德国〕国外出版的,可以看作是对德国将军们的一个诚恳的警告,即不要堕落成为为党效劳的匪帮头子(Landesknechtfuhrer)。当这个进程对于党已经走到如此之远,以致人们无须再担心古老的军队和其中仍然多少活跃着的那些传统时,希姆莱[2]就带来了进一步的东西,即建成一支新的、完全由党缔造的核心部队,即武装党卫队(WaffenS. S.)。于是"军队里出政权"这句话的意义就获得了新生。这种精神,或者不如说,这种武装党卫队的恶劣精神(ungeist),这时便决定了此后统治权的实质和意图,并把我们〔德国人〕带进了深渊。

① 劳希宁(Hermann Rauschning,1887—),德国政治家。——译注

② 希姆莱(Heinrich Himmler,1900—1945),纳粹党卫队领袖,盖世太保头子。——译注

第七章　群众的马基雅维里主义

我们已经说过,希特勒〔时代〕的〔德国〕民族性格之成为可能,是由于自从歌德时期以来灵魂力量之持续不断换位的结果,我们可以把它理解为合理的与不合理的两种力量之间的灵魂平衡受到了干扰。一方面是过分地突出了算计的智能,而另一方面则是感情上对权力、财富、安全等等的渴望;于是行为的意志力便被驱入到了危险的境地。任何在技术上能够加以算计而又可行的事情,只要能带来财富和权力,看来似乎就被证明是有道理的,——甚至于就被证明在道德上也是有道理的,只要它能为自己民族的利益服务。但是还必须再加上国家社会主义这种新伦理学,这种Sacro-egoismo〔神圣的自私主义〕,才能完成对这种灵魂力量的换位的正式加冕礼。人们这时开始以马基雅维里的方式在思考着新旧两种伦理之间的冲突,或者至少也是受到了马基雅维里的影响。对希特勒〔时代〕的〔德国〕人来说,各种不同的伦理诫命之间终于也就不再有冲突,而只有这唯一的一条诫命:“要不惜任何代价赢得权力!”

为了宣传,人们确实也需要借助于其他古老的伦理。于是人们就把它炮制成这样一个公式:“集体利益高于个人利益”,只要我们现在想想党在退出历史舞台时最后的那些骇人听闻的表现,——要英雄地、实际上却是寡廉鲜耻地和毁灭性地榨取人民的最后一滴力量,以达到其多少是苟延一下那个破了产的公司的生命的最后一口气,——那么我们就立刻会看出,党及其领袖们的个人利益已经吞噬了德国人民的集体利益。

在意大利所铸就的 Sacro egoismo〔神圣的自私主义〕这个提法,确实是指出了它并非仅仅适用于德国人的灵魂生活和精神生活中的变化。英国的沙文主义者[①]也在说:Right or Wrong,my country。〔对也罢,错也罢,终归是我的国家。〕这句话如果变成绝对有效时,那么它那后果就是可憎的和有害的了,因为它在政治交易中把一切道德的界限都抛到背后去。而且在这种绝对意义上,它肯定地不能作为英国政策的准则而有效。但是像我以往曾经指出过的,一般凡是属于国家理性(staatsräson)和政治领导的本质的,其中总会有某种恶魔式的东西,它到一定的时候便突然冒了出来而把统治当局掌握在它的魔力之下。国家理性和马基雅维里主义是超时间的普遍的人类现象。但是它会凝聚起来,并一下子在一定的时间并在一定的民族中间强烈地爆发出来。当前时代的和国家的形势,与意大利文艺复兴以来 ancien régime[②]〔旧制度〕的时代的和国家的形势两者之间的差异就在于,以往 ragione distato[③]〔国家理性〕和马基雅维里主义多少是属于生活在人民中间的一个小小的政治思想家和政治领导人的阶层所小心翼翼加以

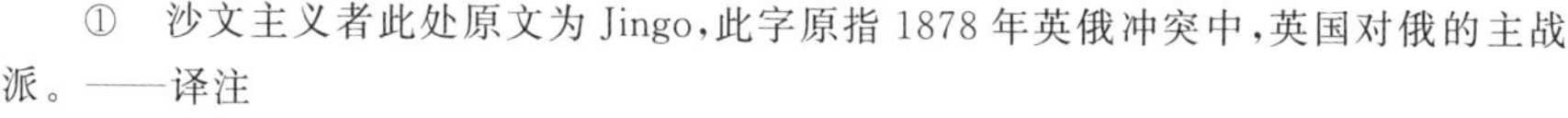

① 沙文主义者此处原文为 Jingo,此字原指 1878 年英俄冲突中,英国对俄的主战派。——译注

② "旧制度"一词指法国大革命以前的政治社会制度。——译注

③ 原文为意大利文。——译注

防护着秘密宗传；而人民则从教堂中接受他们的伦理教诲，此外便天真地、无思无虑地在贫困而狭隘的日常生活之中活下去。往昔的精神文化也是少数人的事，他们能非常深刻地而又富有成果地运用它。这就是 ancien régime〔旧制度〕的彻头彻尾的贵族性格，是一个像布克哈特那样的人始终怀着渴望之情在回顾着的。但与此同时，人民群众的时代和民族意识觉醒的时代却已经破晓了。

过去一个半世纪的动力基础，即由于可怕的人口增长的压力而召唤来的全新的历史现象，在这里便又一次呈现出来。政治现在不再是少数人的事了，而不断从下面推向前台来的各个阶级也都要过问政治。从而这也就增多了能够开启其中有着马基雅维里主义的本质的那个毒药柜的锁钥。马基雅维里主义便从一桩贵族的事业变成为一桩资产阶级的事业。并终于变成了人民群众的马基雅维里主义。它在第一次世界大战以前的帝国主义时代中，就已经来临了。每个在其中起作用的演员，都可以以他对自己人民的生活和生存的热诚关怀而论证，自己那往往是极其粗暴的民族自私主义在伦理上乃是正确的。而且如果他捡起那句真正骇人听闻的话："Right or wrong，my country"〔对也罢，错也罢，终归是我的国家〕并按照它去行事，他还能表现为非常之高尚而伟大。

不，希特勒〔时代〕的〔德国〕人身上的这种马基雅维里式的不道德的因素，并不仅仅限于这些〔德国〕人，而是属于那个骇人听闻的过程的普遍动荡的一部分，无论那是西方的没落也好，还是西方转化为另一种新的生活方式也好。"没有一个人做了好事，一个也没有"，我们也可以用这话回敬那些谴责德国人民的人，他们说唯

有德国人是以自己的不道德的权力狂破坏了各族人民的和平的。

然而这一点，对于我们〔德国人〕却不应该成为一种正当的辩护词。当罪恶现象是西方的普遍特点一旦已经被认识之后，伦理的考虑和历史的考虑就都又回到了我们自己的大门前，并要求我们理解德国在其中的特殊作用。因为难道我们对手的谴责在这一点上终究不可能是正确的吗？——即，尽管我们不是唯一的人，但我们毕竟是以希特勒〔德国〕人的姿态而造成了那种或许是对全世界最为有害的群众的马基雅维里主义的。这个问题将会经常地萦绕在我们心头。难道我们必须总是要为从歌德时代的高峰陡然堕入希特勒时代的渊薮而感到震骇吗？我们〔德国人〕满怀忧伤地在问我们自己，这在同一个民族里，是怎么成为可能的呢？格雷尔帕泽尔[①]在19世纪中叶说的那句话打动了我们的内心深处："人性——民族性——兽性"，它同时既是一个诊断，也是一个预后。但是这些话对我们的问题，却并没有给出一个完全的答案。唯有从少数人的文化导致群众的无文化这一发展的普遍图式，才能够解释它，——然而那既不是德国发展的个别特殊性，也不是在某些显然可见之点上或许确凿地决定了它的进程的那些独一无二的历史环境、事件和决策。就让我们来至少是对它尝试着说几句话。

我们已经指出过，比起其他的民族来，德国的精神所特有的往往是一种狂飙式的倾向，想要从那围绕着它的、而且或许是强烈地

① 格雷尔帕泽尔(Franz Grillparzer，1791—1872)，奥地利诗人、剧作家。——译注

推动着它、诱惑着它并折磨着它的现实条件之下，突然之间朝着无条件、朝着将会使它得到解放的一种形而上学的、有时候还只是半形而上学的世界飞跃。这种倾向的登峰造极，就体现在路德[①]的身上以及在歌德的时代和德国唯心主义而尤其在黑格尔的唯心主义之中。然而，如果这种无条件是可以在这个物质世界之内找到的，而且是这个物质世界内在所固有的，并且如果在现实本身之中就可以找出一种办法来解开他们的死结并克服他们的狭隘性；那又会怎么样呢？这就是19世纪中叶以后，通过人们所称之为新的现实感、现实主义、现实政治等等所发生的事，并且是作为行动上的新导航星而备受礼赞的东西。从而他们就认为，他们已经又一次地征服了无条件。这就是说，德国精神中那种古老的形而上学的冲动，又一次地表现了出来；但是由于错误和颠倒，它并没有征服任何真正的形而上学领域，而只不过是把一种地上的领域装扮成一种形而上学的领域或者是与之近似而已。所以就像特赖奇克那样一个人，尽管他在真正的形而上学领域中如鱼得水，却说出了这样深沉严重的话：国家的本质就是权力，其次还是权力，第三还是权力；——可是，权力虽则是国家本质的一部分，但却决不能毫无例外地把它的道德抽空。特赖奇克有欠考虑的话，就大大促进了德国资产阶级的权力狂的实现。

这里涉及的，倒更其是一个理解问题而非一个谴责问题，是探索一种原来是健全的有机生命的过程，以便找出导致它肿胀和堕落的那些根源，以及它们终于对我们变成了一场明显的恐怖，其关

① 马丁·路德（Martin Luther，1483—1546），德国宗教改革领袖。——译注

键之点何在。德国精神之转趋于现实，乃是健康的而且在有机体上是深深必要的，它最初是从1815年[①]非常缓慢地开始的，后来到1830年以后就变得越发强劲了；当时正在觉醒之中的对民族统一和民族国家强大的热望也是全然健康的，它起初和歌德时期的遗产在古典自由主义的那种综合体中是联系在一起的，关于那种综合体，我们上面已经谈过了。这时却出现了某些独一无二的事件、决策和行动，它们越来越把民族资产阶级的这些综合体和纲领的重心转移到世俗的、现实的和权力政治的方面来，并从而深刻地决定了民族统一事业的特性。假如〔德意志〕民族统一通过1848—1849年法兰克福国民会议[②]的途径而获得了成功的话，——或者让我们更审慎地只说，假如它能够获得什么成功的话，——那么德国的整个发展就会与西欧的发展有着比现在实际上所出现的更为密切得多的接触了。1859年德国民族大联合的理想，仍然表明了它对西欧自由主义思想有一种紧密的感情。但是民族统一事业的发动力已从1859年的那些无拳无勇的教授们和同样无拳无勇的作家们以及经济学家们的手里，转移到一个全副武装的容克，奥托·冯·俾斯麦的手里了。我们所曾谈过的那种普鲁士的和军国主义的特色，在他的身上打下了烙印。除了这条途径而外，也许根本就不可能为德国获得另一种更紧密的而

① 德国全境于1814年解放，1815年拿破仑最后失败。——译注

② 法兰克福国民会议（Frankfurter Nationalversammlung），1848年5月18日在美茵河上的法兰克福（Frankfurtam-Main）召开制宪会议，代表共830人；1849年3月27日会议通过宪法（法兰克福宪法），宪法规定德国为联邦制国家，在一个世袭皇帝之下有上下两院和责任内阁，司法独立。但这部宪法从未实行。——译注

在权力政治上又有保障的统一了。而且它是一条唯有在德国才有可能、而在任何其他地方都不可能的途径。人们可以自诩,〔德国〕民族统一是以一种德国所特有的方式、而不是按照西欧公式而赢得的。但是对西欧自由主义思想的决定性的背离,却并未随之而来。人所周知,皇太子腓德烈·威廉、而格外是他的英籍王妃,是怎样满怀忧郁地在追踪着这一过程的。因此,1866 年[①]这一年,正如布克哈特、康斯坦丁·弗兰茨以及普朗克[②]所感受的那样,对德国和对欧洲乃是有着头等重要性的、命运攸关的一年,那比我们在〔第一次〕世界大战之前所习惯于看待的,要有着更深得多的意义。

还要再重复说一遍,这里并不是想要控诉,而是想要理解。俾斯麦帝国的建立始终是一桩历史性的伟大成就,就我们这一代和它一起成长起来并为它而献身的人来说,它那令人鼓舞的忠诚,对于我们始终是一份珍贵的纪念品。然而我们今天必须承认,过去在这种成就的光辉之下,我们对于隐蔽着的黑暗面注意得太少了,而这里就正是它的致命弱点,后来疫疠也就是在这里得以慢慢侵入的。它给了普鲁士军国主义、并从而也就给了普鲁士骄盎自满的那种危险的精神状态以太多的活动余地;这种活动余地又在帝国的领袖们和资产阶级中间创造了和培育了他们那种精神状态。于是通往群众的马基雅维里主义的道路,就在德国变得越来越宽广了。与歌德时代的以及其中活生生的人道理想的裂隙,这时就急剧地扩大了。那个精细的卡尔·希尔布兰德[③]在 19 世纪 70 年

① “1866 年”,爆发了七周战争,普鲁士击败奥地利,取得了德国统一的领导权。——译注

② 普朗克(Gottlieb Planck,1824—1910),德国政治活动家。——译注

③ 希尔布兰德(Carl Hillebrand,1829—1884),德国历史学家。——译注

代有一次写道，当我们今天读歌德时代的那些信件和日记时，那就仿佛是我们和它隔离了不只是几十年，而是有几百年。

尽管在关节上（文化斗争[①]、社会民主党）有着各种各样的扭曲和断裂，可是在领导者和被领导者之间，却仍然存在着如此之健全的均衡和如此之富有创造性的、欢乐的生命力，以至于直迄第一次世界大战爆发，根本谈不到什么全面的堕落。如果俾斯麦的审慎和明智也被运用于他的后继者的欧洲政策和世界政策中的话，那么我们是本可以安然无恙地跨过帝国主义时代这个危险区，并且也许可能治疗好我们内部的创伤而前进的。

① 文化斗争（Kulturkampf），指 1871—1883 年俾斯麦政权与天主教会的斗争。——译注

第八章　偶然性和普遍性

朱斯蒂[1]在他所著的温克尔曼[2]传中有一次说道，偶然性在历史上扮演一个角色，扮演一个要比历史哲学家们所能梦想的更大得多的角色。历史上的偶然性可以称之为，并不是一种出自普遍的和驾驭一切必然性的东西，而是一种出自各种原因之独特的、转瞬即逝的组合，或是一种出自历史过程中各种外在因素之独特的、意想不到的干预的东西。联系到前一章的结论，我们就可以问，是否威廉第二可以称之为德国历史上的一个不幸的偶然。因为另一个也许只不过是中等之才的执政者而处在他的地位，但在性格上更符合明智的霍亨索伦[3]的类型，也许一切就会是另一种样子而且就能进行得更为顺利了。这一点是无可争议的，但却必须马上通过回顾一下与威廉第二的偶然性相联系着的那种普遍性而加以补充。这里有着德国资产阶级和德国其他阶级的腐化现象和我们已经谈到过的普鲁士军国主义固有的那些缺点，它们都在威廉第二的个性中起了作用。谁又能彻底明确地把个人的偶然因素从那

① 朱斯蒂(Karl Justi，1832—1912)，德国艺术史家。——译注

② 温克尔曼（Johann Winckelmann，1717—1768），德国考古学家与艺术史家。——译注

③ 霍亨索伦（Hohenzollern），普鲁士（1701—1918）与德国王朝（1871—1918）。——译注

种植根于民族生活深处的普通倾向之中划分出来呢？

它们两者之间的相互关系中存在着无穷无尽的变异性。它们忽而彼此分开，尽管从不是彻底分开；忽而又彼此不可分割地融合在一起。时而是这一个因素较强，时而又是另一个。有时候，事物看来似乎是无可避免地在这样地前进着，以至于它完全不依靠个人。然而有时候，一个个人又以惊人的猛烈性在对它起作用，我们可以称之为偶然性的事物之中都交织着普遍性，而在每一桩普遍性之中也都有着多种偶然性。在第一次世界大战、在1918年的崩溃和在魏玛共和国的临时创立中，是普遍性的力量占统治地位的，——在这里面活动着的每一个个人，绝大多数都可以被另一个别人所代替而可以作出大体上同样的事情来。可是随后却出现了希特勒的个性，它对已经存在着的普遍性以那样一种方式在起着可怕的作用，以至于这种普遍性被他强而有力地鼓动了起来，而且几乎可以看作是他个人的创造。这一普遍性存在于人们的愤懑和绝望的潮流中，并且常常是在狂烈地待机而动，它在希特勒出场时，已经在对魏玛的临时建制心怀不满的各个阶层之中汹涌着了。这就需要普遍性有着各种不同的斗争目标，而希特勒便指向了这些目标，并通过它们而能够把他的追随者的热血引向沸腾。这些目标便是凡尔赛和约和由这个和约所造成的形势，然后是犹太人问题，最后则是20世纪20年代后期的经济危机和失业。没有这三种复杂情况的预先存在，希特勒的作用就会是无法理解的。在太平无事的时期，这个心理上严重病态的人而兼破产者的艺术家[①]或许

① 指希特勒。——译注

满怀他那炽热的野心和怨恨到一个什么地方过他那大成问题的生活去。但是一个脱了节的时代,就在历史舞台上召唤出一个脱了节的性格,二者相互激发到了最可怕的高度。

这里并不需要详细地给那个并不神圣的人勾画出一幅性格肖像,而且那也违反我的意思。我仅仅引用两段我从别人嘴里听到的有关他的议论,因为它们涉及如何考虑希特勒在德国历史上的地位这一中心问题。奥托·希恩兹[①]有一次对我说,“这个家伙确实一点也不属于我们这个种族。他身上有着某些完全是外国的东西,某些像是一种已经绝了种的原始种族的东西,其本性是彻底地不道德的”。而且贝克上将[②]——就是他,为了他那要把我们从希特勒手下解放出来的努力而在1944年6月10日付出了他的生命,——在很早以前有一次谈话中就向我说道:“这个家伙是根本没有祖国的。”两个人的话都再一次肯定了这一正确的印象,即希特勒的性格和行动,尽管和他那时代的德国生活有着非常紧密的联系,但对我们德国人来说,其中却仍然存在着某种全然独特的、对我们〔德国人〕是陌生的、难于理解的、而且无论如何还是某种非常之自我中心的东西。那种东西以骇人的精力很好地利用了现存的历史力量和当代德国人的愿望,而又并没有完全内在地和他们在一起并植根于他们之中。人们都知道,对于拿破仑第一也曾有过类似的评论;而在世界历史上那些最强有力的权势人物的身上,人们往往会遇到谜一般的深处,在那里面自我和周围世界之间的

① 希恩兹(Otto Hintze,1861—1940),德国历史学家。——译注

② 贝克(Ludwig Beck,1880—1944),德国将军,1935—1938年曾任德国陆军总参谋长,1944年参与反希特勒密谋,被捕后自杀。——译注

自然联系是消灭了，或者好像是彼此分离了。无论如何，希特勒生命的结局就表明，在那关键性的时刻，他所关心的并不是德国人民的幸福或者是拯救德国尚未完全被毁灭的实体。下面这句话可以用来描写他："如果我要下地狱，德国人民也将下地狱。"他就是按照这话在行动的。我认为另有一句话是更加确凿可信的（那是1944年春就有人转述给我的），这话是他在他那领导人的圈子里说的："如果天意拒绝给我以胜利，那么我就担心德国人民恐怕活不过去这场耻辱。"

从根本上，他那恶魔式的自我和被他所统治和蹂躏的周围世界二者之间，是彼此奇特地分裂开来的。他确实能够为自己赢得一伙胆大妄为、肆无忌惮的冒险家和行险侥幸者来作为他坚实可靠的党羽；因为有着这样一个特殊性格在顶峰，他们就可以有希望爬上去。他也能迷惑广大范围的德国人民，使他们相信他就充分体现了他们理想中的要求，——许多人会说他是一个新宗教的传道者。但是在我们深入地观察了他的性格中那种自我中心的特点之后，对于他作为理想的要求所宣布的那些东西，其真诚性究竟何如，就会引起怀疑了。他置之于他的学说的中心点的那种对自己本民族的讴歌和崇拜，尽管他懂得在《我的奋斗》一书中对此使用最热烈的字眼，并不具备一种充满着整个灵魂动力的理想性质，反而倒更其是一种可怕而有效的权力手段；这种手段是人们可以随时抛弃的，只要能找到另一种更有效的手段，或者是只要它看来不再合用的话。如果他对北欧种族的世界使命的信念，真是他内心里的大事，那么他就不会和日本结盟的；这个同盟把北欧种族撤出了东亚，把它让给了一个被认为是劣等的异族。

希特勒的信仰宣言，似乎也并非出自一种内心深处的精神需要。他本来也能唱出另外一种调子，而仍然能成为一个使举世都在他的面前屏息的伟大的而又极其成功的煽动者的。我们这样说，并不是要把他当作某种单纯的机会主义的策略家，——尽管他玩弄这一套可以是诡计多端，乃至极其狡猾的。但是在他的种族教义中也存在着一种根本的激情，那是他在奥地利排犹主义的超级炽热气氛中为他自己构成的。他对犹太人的仇恨既是真诚的和偏执狂的，又是兽性的。对犹太人，他是在东方认识他们的，他从一开头或许就第一次地从残余的传统道德的范围之下解放出自己来，并开始以不道德的方式进行思索。他性格中的这种纯粹冲动式的因素，于是就和他那算计性的因素几乎难以分辨地融合成一座疯狂激情的火炉。这种激情，正如我们前面已经指出的，肯定是和那些未受过教育的人们的激情共生在一起的，他们最初受的是纯技术的理性教育，却忽然一下滚进了毫无批判力的狂热之中；——但是希特勒的狂激却更加强烈地是属于他本人的，是属于自己的世界使命的。一位老将军有一次向我说："我们从他选择了哪些人做领导人，就可以看出他是个什么人，——那些人要么是流氓，要么是傻瓜。"在希特勒的身上这两者是纠缠在一起的。

他的信仰宣言，他所谓的世界观，我们认为，也可能是另外的样子，而他却仍然能成为对他的人民和对他的时势的最有能力的获利者。这里面有着某种属于个人机遇的东西。对希特勒上台的出奇的成功，难道可能不考虑这一问题吗？它究竟是否通过一般的原因而造成的？是不是对于德国是一种命运交关的偶然性被织进了编织品之中？并且又恰好是在1930—1933年这几年希特勒登上国家权力宝座的决定性的关头？要回避这个问题而以一种低沉的宿命论来解说：希特勒所带给德国的灾难乃是一种无可避免的命运；那就不免是一种廉价的智慧了。我们曾努力地根据希特勒政权之前就在以一般方式而起作用的事变进程和事实，探讨了德国的过去。在1923—1933年德国国会选举仍然是相当自由的那段时期，希特勒的追随者们从没有能赢得过真正的多数，——而在1932年第二次的国会选举中还显然有所下降（由1370万票降至1170万票），——这件事实就不能在下述的问题上保持缄默了：是不是恶魔式的偶然性帮助了这个胆大妄为的赌徒而兼骗子的希特勒上台并使他终于担任了总理职务？

我首先讲一件事，那是我从德国国家人民党的一位著名的前领导人的口里听到的。我在一次小型集会上谈了几句有关历史上的偶然性的问题，于是他走过来向我说："你的话使我回想起1930年6月30日，那时德国国家人民党在是否在国会中应当支持勃鲁宁政府的问题上举行了一次决定性的会议。我和我的朋友们都赞成支持。胡根堡[①]和他的追随者都反对。我的几个朋友完全出于偶然而没有出席这次会议。假如他们在场的话，这次表决就会是支持勃鲁宁的，——于是整个后来的事变过程就会是另一种样子了（也就是，会转过来反对希特勒了）。"然而，胡根堡获胜了。并把党引向了与希特勒联盟的愚蠢的道路上去。而希特勒则又是依靠这一联盟的支持就能作为两大党联合的真正多数派的领袖而出现在国家总统冯·兴登堡的面前的。

① 胡根堡（Alfred Hugenberg，1865—1951），德国国家人民党领导人。——译注

我们很可以从这个过程中看出偶然性和普遍性是紧密地交织在一起的。胡根堡1930年的致命的决定,使得德国国家人民党成了希特勒的引路人;那次决定之成为可能,并不单是靠1930年6月30日的投票,而且也是靠着胡根堡运用了他作为大资金的分配人、作为右派报界的主管人,并作为多年来他那个党在国内的辛勤的牵线人的种种影响力。而且在他的党内也是从1919年就开始在酝酿着对魏玛共和国、对社会民主党、对工会的最强烈的憎恨。结合在德国国家人民党内的反动分子、农民分子、大资产阶级分子和大工业分子都下定决心,决不以勃鲁宁大体上所希望的那种方式来改革魏玛体制,而是要破坏它。但是党内那些较稳健的分子在他们1930年6月30日偶然的失误之后,终于力图建立一个对勃鲁宁友好的新党,即人民保守党(Partei der Volkskonservativen);然而他们面对着胡根堡通过他的出版业对德国国家人民党的投票群众所施加的强大影响却无能为力。胡根堡和希特勒缔结了他们间的联盟,每一方都希望能够骗过对方而为本党在国内取得最终的胜利。结果胡根堡为了自己对于希特勒的危险的盲目性而狠狠地受到了惩罚;这是由于在1933年取得了联合的胜利结局以后,希特勒就发给了胡根堡和他的党一纸解聘书。这个摩尔人[①]已经完成了他的任务,现在就可以下台了。

1934年春,我在一次小型会上和勃鲁宁遇到一起,那是在他逃往国外躲避希特勒的特务和暗杀人员之前。我向他说,"德国的

① 摩尔人(Der Mohr),原指8世纪时阿拉伯人与贝柏人联合起来征服西班牙人,此处系借喻胡根堡。——译注

命运是否落入希特勒的权力之下，首先是取决于两个人的决定，即胡根堡和兴登堡”。“那恰恰就是这样的”，他回答说，而他了解事变的进程要比我熟得多，并且从不以任何方式抱纯个人的偏见。

我们现在就来看，兴登堡在希特勒的攫取权力之中所扮演的角色，并且进一步地发挥在论军国主义那一章中已经谈过的事。为了使我们的公正不偏的论证更为有效，我们要从一种严格的编年体的叙述来着手考察。

当1933年1月30日正午时分，在事情发生后不过一小时，大柏林的电讯就到处传播了这条新闻：德国总统刚刚签署了任命希特勒为德国总理。我怀着最深刻的震惊自言自语道：对德国头等不祥的日子已经破晓了，而且我还怀着最坚定的决心说：“这件事是不必要的。”这里并不存在像是1918年秋季导致威廉第二倒台那样紧迫的政治的或历史的压力。这里改变了局势的并不是一般性的东西，而只是某种偶然性的东西，亦即兴登堡的懦弱。

我当然知道，这种意见总是会有争论的。可是因为它涉及到俾斯麦帝国没落史上的一个核心问题，所以它在以后的时代里，仍然会使得有思想的人们感到惊心动魄的。无论对希特勒的任命本来是否可以避免，这个问题却绝不是像一种陈腐的历史哲学所设想的那样可以等闲视之的。因为按照它所得到的答案之不同，德国人民整个精神状态和政治状态的画面也就会迥然不同，——或者是更有希望，或者是更无希望。如果它的答案是否定的，或者如果是认为希特勒不以这种方式，也确实会以其他某种方式获得统治权；那么投向德国人民的道德抵抗力之上的，就会是一种恶劣的眼光，人民从希特勒那里已经中的毒，以及我们前面说过的、在中

毒之前就已经发挥作用的那一切世俗的弱点和缺点，就会显得是不可救药的。如果一切事物必定是要恰恰像它所发生的那样而发生，那么由希特勒主义而产生的并且又造成了希特勒主义的结局的那场今天看来是如此之可怖的浩劫，就会瓦解我们继续生活下去和工作下去的勇气。这样一种阴郁的宿命论，可能剥削那些应召担任领导的人们的干劲的。

这是问题的实际方面。但是它的理论方面则要求我们决不可忽视历史中的自由因素，也就是说，绝不可忽视我们也能够做出不同于已经做出的事情的这一可能性。假定我们在我们目前的事例中就有这种可能性，并且承认希特勒的当权原是能够预先成功地加以防止的，那么德国人民对于把希特勒推上台这件事所分担的罪责就会小一些。现在我们就来看能够支持这种看法的论据。

我们已经在另外的有关地方部分地谈到过它们了。国防军尽管全都热烈地同情希特勒，但看来大约还是会服从那位可敬的德国军人偶像兴登堡的命令的，如果他号召他们抵抗党的某种暴力企图的话。但是完全没有必要走到那么远，因为单是保安警察(Schupo，即 Schutzpolizei)已经拥有的武装手段就足以成功地对付纳粹分子以及同时也在积极进行煽动的共产党人。共产党的危险是被纳粹党骇人听闻地加以夸大了，为的是在资产阶级和统治集团中间造成声势，把自己装扮成是资产阶级秩序的救星。但是关于国家社会主义运动在人民群众中间的情形，则它却正在走着下坡路，正如已经引用过的 1932 年两次国会选举的那些数字所证明了的。即使承认，这只是轻微的下降，但是它那仿佛是不断增长着的、像是无法扼止的排山倒海般的诱惑力却破产了。戈培尔[①]的自供也使人看到，党的领袖在1933年1月间正害着一场强烈的抑郁症。看来似乎他们认为这局棋已经是输掉了。

随后他们以他们那全部的蛊惑艺术又参加了在利普-德特莫(Lippe-Detmold)的地方议会选举，并在这里赢得了唯一的一次胜利(1932年7月31日国会选举，42000票；11月6日，32000票；1933年1月15日地方议会选举，约30000票)。那是一次荣誉性的成功，好像是以满膛的重炮在轰击一座孤立的村庄。我是在国会纵火案[②]的两天之前在一篇刊登于民主的出版物上的文章里说过这话的。那是在恐怖的日子以前，一个人敢于说出的最后尚可被容忍的自由的话，随后恐怖一来，就封闭住所有的人的嘴了。然而，一个身居顶峰的、有明智的判断力并坚决防范着生死攸关的危险的政治家，是不会被纳粹党这种单独一次的胜利引入歧途的。但是兴登堡周围的人确实是在尽力把这样一种看法加之于这位或许是在抗拒着的老人的身上，即〔希特勒〕运动的力量并没有被击破。

我们现在必须回过头来考察一下这个问题，即任命希特勒是不是不可避免的。那些年代里的惊人的失业，是驱使绝望的人们投入希特勒运动的大军的最有效的事变。但是成为它那原因的若干年来的世界经济危机，在1933年已经显示出初步轻微的好转迹象了。我还记得在1932年的秋天，我和一位卸任的德国经济部长

① 戈培尔(Joseph Goebbels，1897—1945)，纳粹宣传部长。——译注

② 国会纵火案(Reichstagsbrande)，发生于1933年2月27日。——译注

对此进行过一次谈话。巴本这位勃鲁宁的见习继承人，是当时的总理。他所采取的最初步骤，似乎很有成功之望。我的那位谈话者原话是说："巴本现在是交了好运，在他的领导任内，世界经济危机正在消失。"

1932年6月1日勃鲁宁的倒台和巴本的就职，乃是向希特勒运动的第一次致命的屈服。和勃鲁宁的内阁一起，那些曾经怀着要保护德国避免生命危险的意识而领导过反希特勒斗争的人们也随之消失了。难道他们的斗争竟然变得如此之全无前景，以至于人们竟可以理解兴登堡放弃斗争的决定并试图半推半就地迎合希特勒的运动吗？一点都不是。不久以前，在1932年4月10日的德国总统选举中，是兴登堡对希特勒取得了显著的胜利，（兴登堡得票超过1900万，等于投票总数的53%；希特勒得票超过1300万，等于投票总数的36.8%。其余票数则归共产党人台尔曼[①]。）因此全体人民中总还有着一个很大的防卫性的多数，原是可以自上而下地鼓动起来并组织起来的。在这一点上，本来应该是勃鲁宁政府不仅对希特勒的斗争采取镇压的方式，而且还采取积极的疏导来治疗希特勒运动所赖以哺养它自己的那种人民群众的不满和绝望的情绪。这样的疏导工作正在准备之中，这时忽然雷电大作，勃鲁宁被解职了。

最紧迫的事乃是提供就业的措施。为此，就必须拿出大量的国家贷款。迄今为止，对支持币值和避免新的通货膨胀的关切，阻止了采用这种办法。但是1932年春季，勃鲁宁决定要冒这个风

① 台尔曼（Erust Thälmann，1886—1944），德国共产党主席。——译注

险。他的内阁的司法部长约埃尔(Joël)是个有个性的人,后来把这件事告诉了我。勃鲁宁的计划是要用大约十亿马克(八亿马克)来创造就业机会,但是这却要等到世界经济危机的消失出现了最初的迹象而且要等到那沉重难堪的赔款负担已经卸掉了的时候。在此以前,经济上给予任何贷款都反而可能是减少它的成果,使它被通货膨胀所冲淡,并且可以说是把钱扔到水里。这时,正如我们所看到的,经济危机消失的最初迹象在1932年的一年中已经出现了。而且由勃鲁宁本人和各强国进行的赔款谈判,也已达到了一个决定性的有利的转折点。勃鲁宁已经准备好的东西,都被他的后继者巴本所收获;巴本在勃鲁宁倒台以后于1932年7月9日签订了洛桑协定[①]。这一协定从根本上消除了那种可怕的、一再威胁着德国债信的赔款重担。

这里还有着一件大事,就是要把风向从希特勒党的船帆上扭转过来,这个党在宣称唯有它才有能力为了伟大德国民族的基本要求而斗争。这对于勃鲁宁这样的人可不是轻松的,他以他的责任感并不敢去冒那种孤注一掷的风险,而希特勒却是准备这么干的。战胜国应该是已经认识到了这种局势的,并且为了扭转世界和平由于希特勒之取得权力而受到威胁的危险,他们必须通过有效的让步来加强勃鲁宁在德国的地位。但是我们可以理解,那些战胜国却由于疑虑希特勒是否会成为这样一种让步的受益者而变得无所作为。无论如何,他们这时确实是在赔款问题上做出了决

① 洛桑协定(Abkommen von Lausanne),1932年双方在瑞士洛桑达成协议,战胜国协约国方面同意德国赔款缩减为20亿美元(按1921年原计划为330亿美元;按1929年杨氏Young计划为90亿美元)。——译注

定性的让步。至于在军队问题上，我们也早听到，他们也准备同意德国再度采用普遍兵役制。格罗纳还有更进一步的计划。在希特勒所建立的党的青年组织中贯彻了国家教育的思想，要通过体力的和心灵的锻炼的安排以满足青年的自然需要。格罗纳想要把这种锻炼从冲锋队和希特勒青年团的手里拿过来，并转移给“钢盔”(Stahlhelm)组织，从而把他们从他们以往的立场引到希特勒的反对者的阵营里来。

不过，所有这些现在在积极方面可能发生的事，是不是来得太缓慢而又太迟疑了呢？是不是他们缺少一种伟大意志的高潮，而那正是困苦而激动着的人们，尤其是那些激进的青年们，这时所渴望着的并当他们倾听希特勒的风暴时所相信着的呢？这时候，人们——有些是怀着忧虑，另有些是怀着满意的心情，——就提出了这个问题；他们怀疑勃鲁宁和格罗纳对于这一重任是否有应付的能力。我本人已经谈到过，格罗纳的健康不佳。不过，就我的观察，勃鲁宁和格罗纳绝不缺乏在风暴中把舵掌稳的那种坚定意志。而且1932年春天德国总统大选的有利结果对他们的斗争给了一个非常坚固的立足点。此后不久，有一次我在家里接待格罗纳，并向他表示了我对这一斗争的胜利前程的信念时，他却以一种已是稍带抑郁的声调回答说：“是的，假如我能继续得到总统信任的话。”另一次，在他倒台之后，他向我说，“勃鲁宁和我是决心干的，可是老先生①不想干。”

这就是当时的局势中决定性的契机。起初，勃鲁宁和格罗纳

① 指兴登堡。——译注

确实可以在他们的人民同志中间宣扬理智和忍耐，但是只要他们的政策还表现不出来可见的成功，他们就一定会使已经被希特勒所如此丰富地培养起来的人们的幻觉感到不满。然而政治家的理智和忍耐与坚韧性相结合，在历史上往往就会战胜被引入歧途的人民感情的非理性的力量。

事实是勃鲁宁和格罗纳始终脱离了为德国人民的生存条件所必需的那场斗争，那场斗争在外表上确实并不辉煌灿烂，但却需要苦心经营和极大的耐力；他们脱离了一场为明显的大多数人民所支持的、反对正在临头的巨大危险的保卫战；这时候兴登堡停止了他们的工作，并把国家的舵托付给了一个冒险的阴谋家[①]。人们还对兴登堡发出了更多的谴责，认为兴登堡对勃鲁宁表现出最大的忘恩负义。因为勃鲁宁是以忠心耿耿的尊敬在依附着他的，勃鲁宁在刚刚进行的总统选举中用尽了政府一切可能的影响力来拥护兴登堡。而投兴登堡票的选民，在他们的期待方面以及部分地在他们所做的牺牲方面，也都受了骗。因为那些团结一致投了他的票的社会民主党的工人阶级，当他们把自己托身于这位普鲁士的陆军元帅时，他们的内心也不免一阵小小的震动。但是既然在这里是一种更高的纯粹需要在引导着工人阶级投票的，所以这样始终一贯的态度也就可以辩解兴登堡对他们和对勃鲁宁的忘恩负义是有理由的。

可是，如果我们认真看看当时紧紧压在这个虚弱老人身上

① 1933年1月28日施莱彻尔内阁辞职，30日兴登堡任命希特勒为总理。——译注

的种种势力，那又是多么可悲的一幅景象啊！这里首先是对希特勒运动的民族价值的幻觉以及对其中的罪犯因素的盲目性，这在当时却是对任何一个有眼睛的人都已经是显而易见的。其次成问题的，则是国防军中所存在的感情和希望，这些是我们早就听说过了的，它们仍然继承着普鲁士—腓德烈的传统，尽管精神狭隘而又有着职业性的短视性。然而十分可悲的却在于其他两种特殊的动机，它们似乎促成了兴登堡对勃鲁宁推行政务的不满。下述的事是由当时可以信赖的来源告诉我的。在最后的（或倒数第二的）那次勃鲁宁被兴登堡接见的时候，他首先就向总统要求扩大他的全权，以便能更有力地前进。对此，兴登堡根据准备好了的一张纸针锋相对地向他提出了如下的反要求：(1)今后政府大体上应该向右转；(2)取消工会秘书（Gewerk-schaftssekretär）的经济体制；(3)取消农业上的布尔什维主义。第二点意味着与社会民主党的工人阶级决裂，即，恰好是与那些最坚决地进行反希特勒斗争和支持魏玛宪法的社会阶级决裂；第三点涉及一个有关分割那些东普鲁士骑士地产的法律草案。他们由于负债累累，看来已经是无可救药。这个规划使得兴登堡邻居[1]的那些东普鲁士地产主深感不安。就我们的历史知识而言，我们迫切地希望着对这一事变的来龙去脉以及和它有关的人物都能说得一清二楚。我本人对这些事情不应该缄默无言，因为这些事情都是在当时，而且是以比我在这里所敢于复述的更为详尽的细节，在严肃认真的场合里讨论过的。兴登堡的正直的性格在这件事上是不容置疑的。但是他周围

① 按兴登堡为东普鲁士波森（Posen）人。——译注

的气氛却是阴霾而沉重的，并且他本人的政治判断能力也不高。

在这一点上，我们大家凡是在总统选举中以充分的信任投了他的票的人，都受了骗。我们曾把1918年的大溃败之后他向艾伯特[①]伸出手来的那种态度，以及自从1925年以后他一直遵照宪法在正确地领导政务，解释为是一种自由的、有政治家风度的、能够自我克制的精神态度的征象。今天倒是可以问一下，这种态度是不是可以更简单地解说为是出自他自己如下说法的特性："就让自己以尊严的心情被人推来推去吧。"

他之解除勃鲁宁的职务和任命希特勒的决定，就成为引导德国走向深渊的那条道路的最前沿。于是兴登堡这一偶然性也就处于驱使德国走上那条路的普遍性原因之中，它好像是世界历史上最不可解之谜的一个阴暗的警告信号。

① 艾伯特（Friedrich Ebert，1870—1925），德国社会民主党人，第一次大战后于1919—1925年任德国总统。——译注

第九章　关于希特勒主义的积极内容

我们的意见当时是而且今天仍然是，德国人民很可以在一个像勃鲁宁那样的领导之下有条件经受住沉重的经济的和精神的危机，并避免第三帝国那场毁灭性的实验的。军国主义的、大工业的和大农庄主的利益，紧密地勾结起来作用于兴登堡这个因素，造成了勃鲁宁的倒台。但是这里就出现了一个历史学的问题：是不是这个〔希特勒的〕实验，真正就像它那极其可悲的结局似乎证明了的那样，绝对是毁灭性的。它是不是毕竟也被更高一级的历史必然性所推动，那确实是必须称之为悲剧，因为它引向了灾难；但它却或许仍提供了比仅仅是权力斗争的工具更多的丰富的观念。——这些观念，即使在它们的宣扬者倒台以后，也还会保留下来一种价值，无论那是出于对一种伟大的英雄意志之历史性的永垂不朽的怀念，还是出于实际上它们本身是以一种新形式的努力而在生存下去。

希特勒的千年帝国，尽管并不会是整整一千年，像他所想象的那样，而也许只不过是我们这个世纪；但是其中是不是也包含有有价值的和有生命力的东西呢？这个问题，在那十二年的迫害[①]中，

① “十二年的迫害”指1933—1945年希特勒政权时期。——译注

始终萦绕在许多反抗斗士的心头。许多当时参与其中的投机者或冒险者，对这个问题是一马当先热心给予肯定的。但是对自己本人和对自己往日有过的理想进行审判，并尽可能不带偏见地检验其中向我们提供的新理想；——这也是一种政治上的和历史上的良心的责任。和理想一道上升起来的那种地下魔鬼的手段，当然是永远不该忘记的。但是又有什么伟大的、变革现实的新观念，是魔鬼不曾同时作为推动者和受惠者也钻了进来的呢？对我们来说，1535年在德国闵斯特(Münster)再洗礼派[①]所一度力图建立的千年福王国，是何等可怕地在震撼着我们！然而，再洗礼派运动一般地却包含有宗教上的和世界观上的高度富有成果的萌芽。

我们来回想一下我们在开头说过的事：即，由于在欧洲而尤其是在德国人民大众数量的增长对于一切现状所施加的压力；由此而兴起的19世纪和20世纪的两大浪潮，即民族主义运动和社会主义运动；这两股浪潮相互交织着，彼此作用着而终于多少是在努力趋向于联合。如果这种联合成功了，很可能从其中成长出新的、意想不到的生活方式来。腓德烈·瑙曼的那些思想丰富的意图，就是对此所做的最早的原则性的尝试。他失败了，因为他那思想的先决条件在一直是互相斗争着的党派和阶级的庸俗的心理状态和利益上的自私主义的面前瓦解了。但是瑙曼的尝试还是在魏玛共和国的业绩中存留了下来，瑙曼本人对魏玛共和国始终是忠诚的，并奉献出了他自己的最后力量。他的思想确实只是以一种已

① 再洗礼派(Taufer)为16世纪初德国农民战争时期的一个异端教派。——译注

经削弱了的形式，默默地而毫无光彩地在一个〔魏玛共和国〕暂时的结构中存活了下来，而这个结构又承担着凡尔赛和约的重负。在这上面还有着杂草丛生的那种议会主义的令人抑郁的景象，每次新内阁成立时下级官员的权力斗争，最后还有那些贪污腐化的丑闻，何况这些贪污腐化又被希特勒的宣传过分地夸大其词。勃鲁宁已经着手要通过加强总统的权力而在国家中心创立一个稳固的政府权威。然而他在这方面的成就，却的确只是有助于使他自己倒台。兴登堡在以往的年代里，几乎是不敢冒风险把一个未经议会多数反对的总理解职的。但希特勒显然是对当时的一切弊端和需要，提出了更强有力得多的办法。而那些正在空中荡漾着的伟大观念，——即民族主义和社会主义两大运动的汇合，——却毫无问题地在他身上找到了最热烈的宣扬者和最坚决的执行人。他在他那时代的这一伟大的客观观念中的地位，是必须坦率地加以认可的。

希特勒想要战胜他那重工业方面的保护人和资助者的资产阶级的、从而是阶级自私的民族主义，以及他所特别激烈攻击着的俄国布尔什维克的马克思主义，后者在断言资产阶级必将消灭。于是，这就形成了如下的思想，即创立一种崭新的、富有成果的人民共同体(Volksgemeinschaft)，而可以不需依赖于彼此相互抗衡的各种社会力量之中的这一个或那一个的单方面的胜利；社会的自然构成并不需要全盘加以消灭，而是必须加以引导和教育，使之为一个也包括它们自己在内的整个共同体而服务。希特勒的做法，似乎要比布尔什维主义的激进的新建筑，对于迄今为止的资产阶级文化的传统和价值允许有更大的连续性。他就这样收买了广大范围的资产阶级。而工人阶级则将充满着他们的生产活动所赋予他们的充分自豪感，并从而放弃还是从阶级斗争开始时期所萌生的一切自卑情绪。要培养专业阶层的特殊自豪感，并把他们融化在那个无所不包的共同体之中，——这同一个基本观念也被运用到农民身上。对这两个阶级都缺少不了种种引诱的花样、庆祝活动、节日娱乐，等等。

19 世纪的自由主义时代，尽管其唤醒个人力量的那种功绩是永垂不朽的，但对社会本身却过分地放任自流，并听任家庭、道德、社会精神等等古老的伦理纽带松弛下来，而又没有能富有活力地去考虑如何创造新的纽带。社会有沦于混乱无章的危险。青年一代已经成长起来了，却在许多方面被人忽视，而凡尔赛和约废除了军事服役期又削弱了国家对于未来一代的成长的教育影响。这里也正是希特勒的新国家紧紧掌握在手里的地方；而且还在重新实行普遍兵役制以前，希特勒国家就创造了那些青年组织，要给整个新的一代以一种统一的思想，同时并满足青年的自然冲动。

浪漫主义和技术，同时也和这些新的组织成分一道参与了演出。一切人相互之间，都是在技术上合理地加以计算和测定的，目的在于迫使一切人都为这个新国家服务而绝不容许任何偏离它的个人行动。人们就像是一种可以随意塑造的材料那样被人操纵，就像是沙子和石砾那样被人压进水泥而筑成墙壁。而这同时也就意味着，能够这样加以使用的浪漫主义，并不是一种真正的浪漫主义。因为真正的浪漫主义，按它的本性来说，就是非理性的；它确实也认识到并且希望着通过团体精神和民族精神形成个人联系，但那却是通过心灵和幻想的非理性的灵魂力量，并通过一种相当

程度的个人自我行动。当人们要求我们培养旧习惯和旧风俗，并突然间用高压来驱使我们从事家庭和祖先的宗谱研究时；这听起来的确是足够浪漫的。但是我们由此而领到的祖先出身证，却只不过是作为一场精心策划的反犹太人斗争的工具，作为"贬低"混血杂种的公民身份的工具，以及作为保证北欧种族的纯洁性的工具而已。然而当其涉及到一场为了世界霸权而进行的斗争时，这个北欧种族又是怎样地可以被人遗忘、被人牺牲，我们已在希特勒和日本缔结的同盟中看到过了。

在北欧种族之中，唯有我们自己这个民族由于其"民族的"思想而特别被神化了，而且看来还显得是被浪漫化了。但是就在这里，我们最初可能倾向于相信那种真诚的、尽管是不成比例地夸大了的感情；但是当我们听到瓦尔特地区[1]所采取的做法时，我们却会感到迷惘。在那里，那些根据他们的外表和态度可以算作德国人的波兰人，经过一段适当的训练和见习时间以后，就可以升入到德国的种族团体（Volksverband）里面来。就连按种族标准可以利用的俄国民族中的某些分子，希姆莱也要把他们带到德国来，像德国人那样地加以教育和训练。这里，人们会回想起古代土耳其的御林军（Janitscharen）制度。从无情的赤裸裸的权力政治的观点来看，这确乎不是什么不可行的步骤。

我们或许仍然可以认为，"民族的"观念在希特勒倒台以后还会继续存在下去。这里，我们就先要区分人们所称之为"民族性"一词的两个不同的方面。有一种和平的民族性，也有一种斗争的

---

① Warthe 河，位于波兰西部。——译注

民族性，有一种属于纯粹内心文化的民族性，也有一种政治策略的民族性，无论那是防卫性的自保，还是进攻性的权力扩张；——一种是真正德国内部的民族性而另一种则是边疆的民族性；——一种是真诚浪漫主义的民族性，另一种民族性则是浪漫主义的斗争武器，因而很容易成为达到目的的一种手段，因而很容易成为不真诚的，正如我们在希特勒主义那里所看到的那样。那种德国内部的、爱好和平的、有文化教养的民族性，最初是赫尔德[①]所教导的，后来又由雅各布·格林[②]以一种最真诚的浪漫主义和一种极美妙的诗情给我们做出了典范。它将富有希望地在我们〔德国人〕中间继续存在下去，赐福给我们；但是希特勒并没有把它赐给我们。反之，那种德国边疆—战斗形式的、由希特勒所代表的民族性，却根本不是什么德国所特有的，而是所有生活在东欧的中间地带、彼此相互蹂躏的那些民族的共同产物。在那里，每个被压迫民族都以最深厚的权利在保卫自己，并把她们的自卫斗争看成是神圣的。但是有关这些斗争的方法和效果，东欧却与大部分的西欧有着显著的不同——不同于瑞士、比利时，也不同于威尔士对英格兰其他地方的关系（爱尔兰多少可以看作是一个例外）。在东欧，这些斗争进行得更加惨烈而又不可调和，而其结果便是民族仇恨的巴尔干化、强化和永久化，直到一方多少是成功地彻底消灭了对方为止，——就像目前我们在东方所受到的威胁那样。可惜的是，把德国居民驱逐出从中世纪以来就打着德国烙印的地区这种可怕的行

① 赫尔德（Johann Gottfried Herder，1744—1803），德国思想家、作家。——译注

② 格林（Jakob Grimm，1785—1863），德国语言学家、童话作家。——译注

为，却并未能表明我们德国人自己就是无辜的。那是对希特勒的回答，希特勒曾大规模地为征服东方的空间而斗争；而当他1941年和俄国决裂时[①]，就把我们投入了那场战斗。他用以推行这一政策的那种德国边疆—民族的观念，并没有使我们得到赐福。应该说明，我们一般地并没有说过反对保卫德国边疆领土的话，反而认为它是一种神圣的义务。但是在东方进行这场战斗的方式，却成了对我们的灾难。于是，我们便又一次想起了格雷尔帕泽尔的话，那是东方的景象迫使他说出的："人性——民族性——兽性。"

我们探索过了可能成为希特勒的事业中的"有积极意义的"东西，并且也发现了有某些东西是符合我们时代巨大的客观观念和需要的。或许我们还可以再加上一点什么，但这样就只不过是在擦光一下那个精心布置的橱窗而已，它向顾客展出了便宜的好商品，却并不担保货柜里也真正是这些东西。而商店里边则是阴暗的，而且在它的深处裂开着一道更黑暗得多的深渊；天真的顾客可能意想不到地就陷进那里面去。第三帝国的每一项本身是值得称道的制度，背后都屹立着一种特征性的权力意志，——那范围是极其庞大的，而内容却是缺少灵魂的，——多少有点像是在1793年的雅各宾党[②]或中世纪蒙古王公征服者的身上可以看到的那样。任何一种狂热主义都会使灵魂枯竭，而"狂热"这个字却是希特勒的历次运动所喜欢用的字眼。这种狂热主义乃是献身于权力本

① 德军于1941年6月22日入侵苏联。——译注

② 雅各宾党(Jakobinern)，18世纪末法国大革命的激进派。——译注

身，而一切思想或貌似思想的东西，都只是用以巧妙地达到目的的工具。然而，所谓为权力本身而追求权力，并不意味着别的，只不过把自己本身置于人生一切的中心点而已。在希特勒，那结局就是对他本人的狂热崇拜，就是对他自己使命的无限信仰，——他便以他那极其自我中心的心情而称之为“天意”。在这里面，我们总是可以识别出其中有可以称之为预言家式的意识的某种冲动。“我的确只不过是一个政治家而已，”——墨索里尼 1934 年春天[①]在威尼斯和希特勒第一次会晤时，曾向希特勒说，——“但您还是一位先知。”如果读一下雅各布·布克哈特在他论穆罕默德的讲演中所做的简短的性格刻画，我们差不多就可以把它们逐字逐句地引用到希特勒身上。然而我们也不可对他身上的这种预言家式的因素估价过高。因为他并没有以他的种族狂宣告任何真正的宗教，那仅仅是一种非常之实用的权力手段，一旦不能适用，也就随时可以丢开。当我们寻找他那使命信仰的根源时，也许我们首先可以想到他身上那种破了产的艺术家的愤懑。作为一个画家而成名，对他来说是已经失败了。但是当他在第一次世界大战后，来到慕尼黑那些灵魂已经动摇了的人们的面前时，他却意识到了通过语言、通过炽热的演讲对他的同胞起作用的那种威力。当时有一位正在为退役军人讲课的慕尼黑教授，曾被一个总是滔滔不绝在演说的兵士所深深打动。此人就是希特勒。

希特勒的天性中有着太多的庸俗的自我精神，而不能使他被

① 希特勒于 1934 年 6 月 14—15 日访问意大利，与墨索里尼在威尼斯会晤。——译注

人看作是一个具有高度世界历史地位的人物:那种无限的虚荣心、那种低级趣味的自我美化,最后还有那个丧尽良心的匪帮,他要抓住他那残余的权力,便不惜榨尽他的人民的最后一滴力量来推动那个匪帮,——这些都是加在他意志上面的沉重的抵押品。拿破仑第一,——我们在许多方面都可以以希特勒与之相比较,——也确实具有很庸俗的自我中心的特性。但是他在他那时代的客观观念中的地位,却要大于我们在希特勒身上所能加以识别的。拿破仑作为一个统治者是更有理性的,而且遗留下了许多积极性的创造是被历史所已经证实了的。而希特勒所留给我们今天的,却完全是一片废墟。

第十章　希特勒主义和布尔什维主义

但是现在我们却听到有很多即使是对希特勒持批判态度的人也在反驳说:难道希特勒的意图就没有一点真正的积极性了吗?例如,他的反布尔什维主义的斗争,他那保卫德国和欧洲的观点。即使他在这上面失败了,难道这不也是许许多多历史人物的命运吗?他们以悲剧而告终的伟大意图,不是仍然在激励着我们吗?

现在这里不可能彻底回答这些问题,我们甚至还认为这些问题是可疑的而且是歪曲了的。我们对于今天的俄国知道得太少了,还不足以综观它可能是在威胁着我们的那种危险的限度。它是抱有一种要征服世界的革命观念吗?还是她的目标本身已经起了变化;是不是布尔什维主义在某种程度上已经民族化了并且集中在一个任务上,即要巩固这个庞大国家并把这块土地和人民提高到一个更高的经济水平上?今天我们只能对这些根本问题发表一些猜测。我们从我们的战争退伍军人或从俄国战俘的口中所得到的消息和印象,听来是互相冲突的。但是其中有一件事我们认为是确凿的,那就是单靠恐怖是不可能铸就俄国人民群众在反抗我们〔德国〕的斗争中的那种可怕的防御和进攻力量的。从可靠的来源方面,我们听到有关俄国战俘如下的经常被重复的说法:"我们觉得我们都是兄弟。我们上面没有剥削阶级,我们每个人都在

为其他的人而工作。我们也愿意为祖国效死。”这是不是他们特别训练出来随时应用的说词呢?我们无法避免的印象是,俄国人民要比在沙皇时代有着更大得多的内在凝聚力和民族意识在抵抗我们〔德国〕。以往存在于俄国的那个薄弱的资产阶级确实是消灭了,然而人民群众的思想水平是提高了。技术和自然科学在热情和富有成果地被培育着。我们从德国的理想主义和自由主义的世界观立场出发而对把俄国制度全盘强加于德国的种种顾虑,确实是继续存在着。但是我们宣称为自己所有的那种同样的民族自决的基本权利和根据自己民族精神的生存方式,我们必须也向俄国人认可。

希特勒则是另外的想法。我们今天在这里和那里到处还听到说,他作出了巨大的努力来保卫德国免于可怖的未来危险。对这一点,我们必须当即回复说,他的这种做法是大大的外行。他希望在八个星期之内就以闪电战同样能攻下那个幅员辽阔的庞大国家,也像他 1940 年在法国取得了成功一样[①];而对它的深处和腹地的后备力量却所知无几。(自命为战略家和俄国专家的那个挪威人吉斯林[②],曾在这个问题上特别劝告过希特勒。)而下这个赌注时的局势则是,对另一个世界强国英国的战争正压在我们〔德国〕身上尚未分晓,而第三者的世界大国〔美国〕已经

① 德国于 1940 年 5 月 10 日发动西线攻势,6 月 13 日占领巴黎,6 月 22 日法国投降,签署停战协定,为时六周。德国于 1941 年 6 月 22 日入侵苏联,十月底围攻莫斯科,但始终未能占领。——译注

② 吉斯林(Vidkun Quisling,1887—1945),挪威法西斯党党魁,二次大战中挪威傀儡政权首脑。——译注

站在背后虎视眈眈，并在支持英国的斗争了。拿破仑在1812年的行动[①]，在当时较简单的条件之下，比起自吹在技术上已经计划好了的希特勒1941年的行动来，确切地说，要有着更合理的性质。这就是一个采取技术路线而同时却又被幻想所膨胀起来的心理状态，在今天很容易犯的那种致命的估计错误之一。它使人们回想起史利芬的作战计划。在这两次，现代的 Homo faber〔强人〕都在要超越他们自己。但是希特勒的估计错误却比史利芬所造成的灾难更大。

还可以提出再进一步的诘难来。希特勒本人是像他自己所常常宣称的那样，认为防范布尔什维主义乃是他对俄政策和战略的中心吗？他和俄国于1939年8月开始的协定[②]立刻为他打开了向西方、向芬兰、波罗的海地区以及东部波兰前进的通道，这就说明了另一回事。人们也许会试图从现实政治方面辩护它是一种“变通的”办法，以便争取时间打倒波兰和西方国家，然后再向俄国最后算账。或许是这样。但是我们也可以相信进一步的想法，即和俄国联合开办一个世界统治权的合股公司，等到时机一到，再把这个公司的合伙人踢开、打倒。波罗的海地区居民的命运，在希特勒，始终是次要的事情。

希特勒的最后目标是总有一天要打倒俄国，这是毫无疑义的。他在《我的奋斗》一书中有关这一点的计划是众所周知的。他这时

① 拿破仑于1812年6月22日进攻俄国，9月14日占领莫斯科，10月19日自莫斯科撤退。——译注

② 1939年8月23日德国外长里宾特罗甫在莫斯科与苏联签订德苏协定。——译注

之违反他原来的计划,——这导向了他的灭亡,——只在于他最初是想以一个对西方自由开放的后方、甚至于最好是和英国结盟来向俄国作战的;但在1941年时他却重蹈第一次世界大战〔德国〕的根本错误,被束缚于同时要对付俄国和英国双方。但是1941年对俄国突然发动进攻的目标,则是和《我的奋斗》一书中所宣称的是同样的:即要使俄国成为我们〔德国〕的殖民地,利用它作为我们〔德国〕未来的开拓区。然而,他为此所宣布的反布尔什维主义的十字军,我们确信,只不过是在装饰一道门面而已。

早在1939年战争爆发之前,谈尔兹(Tölz)训练班就向听众宣泄过这件事。讲演人谈到达雷(Darré)的房地产继承法。他是这样说的:“今天它遭到的批评太多了,从今天的形势来说也是有道理的。但是要清醒一些,那完全是为了另一种形势而设想出来的。想想英国吧。三百年前她还是个岛国;而今天她却是一个世界帝国了。今天的事情就进行得更快。你们就想想一直到乌拉尔山的德意志世界帝国吧!——然后再想想这个房地产继承法的效力。”我这位汇报者是个多嘴的人,就问那个演讲人,那么那后边的西伯利亚是不是也是一片很好的土地呢?回答是:“当然啦,我们也可得到西伯利亚的。”

因此,希特勒反对布尔什维主义征服的说教,乃是他自己的征服意志的假面具。这并不排除他自己在主观上也投身于反布尔什维主义的仇恨情绪之中。但是他的灵魂的力量乃是权力欲和征服意志。而且他那最后绝望的争斗也终于证明了,保卫德国免于布尔什维主义并不是什么他最关怀的大事。未来的世界历史或许可能取决于,在不断进逼的敌人之中哪一个会首先到达柏林,——是盎格鲁-撒克逊人[①]，还是俄罗斯人。从我们〔德国〕既反西方而又反东方的保卫战已经证明无望的那个时刻起，一个布尔什维主义的绝对的对立者，只要有任何可能，就必定会力图遏阻俄国进攻的洪流，以便给盎格鲁-撒克逊人以更早地进入柏林[②]的机会。但是希特勒却反其道而行之，当有人通报他俄国人正为他们 1945 年 1 月发动攻势在做大规模的准备时，他竟宣布俄国的危险是“次要的”。无论如何，他确实是已经这样做了，他在比利时前线对西方发动了圣诞攻势[③]。这场攻势除了一瞬间的声望而外，并没有带给他任何东西，但却从东方防卫战中撤出了最有价值的武力。后来在莱茵河西岸的德国西线，他又一任苦战继续打下去，当时俄国进攻的浪潮已经开始威胁着柏林了。所以我们就只好猜测，希特勒在他绝望的心情下，是有意或无意地宁愿看到在柏林的是俄国人而不是盎格鲁-撒克逊人。换句话说，在最后阶段，尽管他常常承认自己同情于英国的世界大国地位，但那只是机会主义的盘算，而归根到底他对西欧民主主义的憎恨更有甚于他之对布尔什维主义。

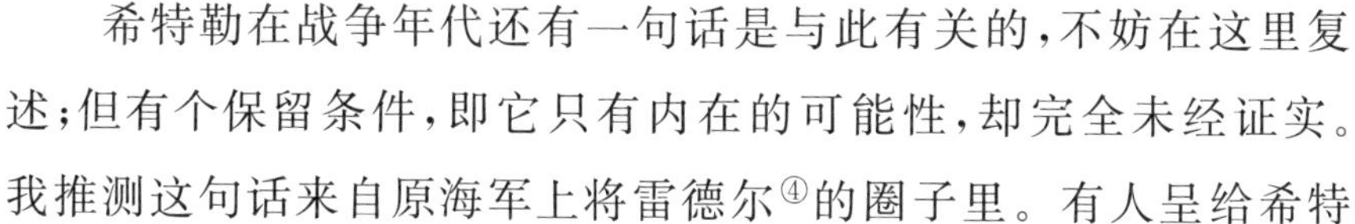

希特勒在战争年代还有一句话是与此有关的，不妨在这里复述；但有个保留条件，即它只有内在的可能性，却完全未经证实。我推测这句话来自原海军上将雷德尔[④]的圈子里。有人呈给希特

① 即英国人和美国人。——译注

② 二次世界大战中，苏军于 1945 年 5 月 1 日首先攻克柏林。——译注

③ 1944 年 12 月 16—25 日德军在西线比利时、卢森堡地区对西方盟军发动反攻。——译注

④ 雷德尔(Erich Raeder 1870—1960)，1935—1943 年任德国海军总司令。——译注

勒一本小册子，那是准备在武装部队中散发的，是要唤起在进行反布尔什维主义的斗争的士兵们那种德国人对上帝的信仰。“宗教？上帝？”希特勒是这样说的，“恐怖就是最好的上帝。我们在俄国人身上就看到这一点。要不然，他们就不会那么打仗的。”

第十一章　希特勒主义和基督教

现在我们就来谈希特勒主义和基督教这个题目。马克思主义和希特勒主义两者都扬弃基督教，并寻求用一种对行将到来的现世幸福的新信仰来代替它。但马克思主义是公开地而坚决地在这样做，而希特勒的国家社会主义党在取得政权以前，就像它的纲领所允诺的那样，却扮出一副“站在积极的基督教立场上”的姿态。随后他当了权，就开始愈来愈限制基督教教会的生存空间了；起初是审慎而隐蔽地，通过他的内部教程，然后是通过无数微细的行政措施，通过各种手法来打击勇敢的神职人员，并通过把一些古老的教堂转化为民族纪念堂等等方式，不一而足。有人怀疑，他就这样在使人们准备好有一天将要宣布新的希特勒教，到那时已经长期在领袖言论中所宣扬着的新的上帝信仰就会获得它的至高无上的献礼了。人们不是也曾想到过，——就像在党的圈子里所窃窃私语的那样，——要在最后胜利之后，在玛里安堡组织这样一场庆祝会吗？然而希特勒相信，在适当的场合还是要关心“我的上帝”和“天意”的，以便达到其宣传的目的，就像是用一根线把它们都吊在舞台上，好满足他那些习惯于基督教的美妙词句的听众们。

希特勒与基督教彼此之间最根本的不同是什么呢？基督教，或者更正确地说是那些以基督徒自命的人，在历史的长河之中曾

经能使自己适应于各种各样极不相同的政治态度，而且甚至于对最值得怀疑的政治体制也给予教会的祝福。这时已经做过这样的尝试，要在新教教会的基础上，把一种“德国基督教”推上舞台并为它创设一位“帝国主教”；但由于为此而训练的人员精神准备不足，而彻底可悲地失败了。希特勒本人撤销了那位主教，而未对此做任何公开的解释。这可能要归咎于他那过分的妄自尊大，和要作为一个新宗教的创立者而为他那先知的角色最后进行加冕。关于他所理解的“宗教”，据我听说是他已经写出了一本小册子的，后来却又被谨慎地禁止发行了；它大致符合于我们在罗森堡的《二十世纪的神话》一书中所读到的内容。尼采著名的反对基督教的奴隶精神的控诉书，或许就成为了即将宣布的北欧民族新的主人宗教(Herrenreligion)的背景。

然而希特勒对基督教的深仇大恨，在我们看来，还涉及另外某些东西。那就是基督教中所活跃着的有一个独立的、只对上帝负责的良心这一观念，要服从上帝更甚于服从人这一诫令以及要承认一个不是属于这个世界的王国，并要服从在国家社会主义所承认的法律之外的法律，——所有这些都使希特勒正确地认识到，在这里面澎湃着反抗极权主义对内心生活和外表生活一刀切的最深厚的根源。至于对基督教的那些教条，他一点也不想要和尼穆勒[1]牧师争吵。这些，按他的意见，都可以平平静静地继续宣传而不致损害他本人。但是有关独立的宗教良心的检验这一权利以及反对良心迫害，他就不能原谅这位勇敢的牧师和前潜艇司令官了。

① 尼穆勒(Martin Niemöller，1892—1984)，德国福音会牧师。——译注

尼穆勒本人在开始时曾寄希望于希特勒。但是那些非基督的和反基督的特点一旦在希特勒的意志之中迸发出来，尼穆勒的良心义务也就粉碎了他以往的幻觉；于是他就成了抗议者的布道师，人们从全柏林的四面八方都蜂拥到他在达勒姆(Dahlem)的讲坛前面来。因此，希特勒就把他送进了大烧(Dachau)集中营，从1937年秋①起直到希特勒本人权力的结束。

不过，尼穆勒代表着远比他那教会的教义更多的东西，尽管他自己并不知道这一点。两千年基督教西方的全部传统都屹立在他身上，并在向篡夺了这一传统的人喊道："主说，我的国不是这个世界，你们想建立的国乃是撒旦的国。"②

我们必须以一种极其广泛的意义来理解反抗希特勒的这一传统之基督教的性格。自由主义和民主制，这二者都是希特勒所炽热仇恨着的；它们正确地加以理解时，也是属于这个传统的，而且它们只有在基督教的基础上，通过一系列的阶段化与世俗化才能够历史地发展起来。1789年法国的人权和公民权宣言，正如人们已经指出的，在良心自由的基本权利这一点上有着基督教的根源。北美罗得岛的那些民主派的清教徒，③就是在这个基础上提出他们的宪法的。在西方基督教世界的内部，以积极信仰的基督教为一方和以阶段化和世俗化的基督教为另一方，双方之间一直有着不断的争执和斗争。人道主义共济会④和天主教会二者之间的鸿

① 尼穆勒于1937年7月1日被捕入集中营，战后被释放。——译注

② 语出《圣经·新约》。——译注

③ 指美国革命前英国在北美洲的移民。——译注

④ 共济会(Freimaurer，即英文的Freemason)，西方基督教的秘密团体。——译注

沟，显得是何等的深刻啊！可是现在这两个一度似乎是不共戴天的敌人，却在同一条战斗的防线上一起反对着另一种新异教的兴起了。而且，——我们甚至可以这样说，——他们是在反对一种新的而且是全然另一种的世俗化。因为在这上面，那条迄今为止把世俗化和教条的基督教联系在一起的最后纽带破裂了：那条纽带就是永恒诫律的宣告者，也就是要承认我们的每一个对手作为人的尊严，即使是他完全属于一个异族。道德的约束也存在于民族斗争和种族斗争中间。它们在历史的实践当中，确实也曾往往在较狭隘的意义上或在较广泛的意义上，被我们看作是基督教西方的苗裔的那些人所尽情践踏。但是在这些民族中，良知的激动始终是活跃着的；而且继任情恣纵而来的，则照例是对道德的基本诫律的某种重新回忆。人们是不敢把它们根本废弃的。

希特勒和他的人却敢于这样做，但也不全是沿着这条路线走，因为那就会导致无政府和混乱了。他们为了“人民的福利”(Volks wohlfahrt)也曾通过某种同胞友爱之类的东西做过许多事，而有些部分也并不是完全无效的。但是民族的自私主义把这种福利事业基本上只限于自己的民族，而在自己的民族之内又只限于既不反抗国家社会主义的领导而且看来在政治上又没有危险的那部分人。对于其他一切人，首先是万恶的犹太人，就不再存在着什么道德的约束或是承认人权和人的尊严了。这一点并不公开说出来，而且出于策略的原因，有时候还可以弹出别的调子来。但是在集中营煤气室里面，西方基督教文明和人性的最后一息就终于消灭了。

第三帝国的新大厦就以恐怖主义对良心的迫害而开始，这种迫害通过无数的渠道浸没了、或者是轻轻地而不断地渗透到全民族每一个个人的生活里面去。在它那里，我们就看到了第三帝国最强有力和最恶毒的手段及其自己的原罪。因为这种良心迫害比起任何追求统治地位的宗教、或者甚至于任何追求统治地位的舆论对人们所可能采用的方式来，都要更为不同而又狂妄。追求统治地位的宗教，不仅是出于追求统治地位，而且我们可以说，还是出于一种夸大了的良心感和对灵魂得救的热忱，也就是出于精神的狭隘性。公共舆论当它使用压力时，也是受到约束的，而且还由于一种半伦理性的信念而受到这样一条规律的约束，即一个正直的人就必须是这样地在想而不是其他的想法。但是〔纳粹〕党在取得统治权之后，对人民所采用的那种良心迫害却全然是由于那些采用这种迫害的人没有良心所致。这种良心迫害乃是要肆无忌惮地使用权力手段，以便镇压人民反抗党的压迫的任何萌芽。

下面就是这种情形的一个最重要的例子。正如以上引的投票数字所表明的，党在获得权力时，它的背后明显地并没有人民的多数。而且 1933 年春天，在它的压力和恐怖之下所选出的国会里，他们甚至自行把胡根堡领导的德国民族党也计算在内时，还是未能达到为改变宪法所必需的三分之二的法定多数。因此改变宪法的授权法①，——根据它希特勒就具有了一切权力，而且处于一种可以造成最大危害的地位，——是只有靠进行反希特勒政权斗争的那些党的投票支持才能通过的。事情确实就是这样发生的。国

① 授权法于 1933 年 3 月 23 日由德国国会两院通过，赋给纳粹党以专政权；随后并取消一切其他党派。同年 7 月 14 日宣布纳粹党为德国唯一的政党。——译注

会里的中央党和少数几个民主党人在1933年3月23日投票赞成他们所特别痛恨的授权法。对进一步在增长着的恐怖主义的忧惧,已经埋没了他们身上政治良心的声音。投票的前一天,我问一个我熟悉的中央党负责人:"你一定会投反对票的吧?"他耸了耸肩回答道:"那样,事情就会更糟了。"

由于忧惧而产生的,并且是违背自己良心的这类行动或者同意,败坏了一个民族的道德,而且在不小的程度上败坏了我们德国人的道德。一个老朋友在早些年曾咬牙切齿地向我说:"今天有一半德国人被教育成蛮横无礼,另一半则被教育成懦夫。"但,这就意味着那些肆无忌惮地使用着这种镇压良心的办法的人们,他们本身的良心已经死去了,——那种最后的道德束缚、那种基督教精神的残余已经不复存在了。第三帝国不仅仅是德国人民在他们的历史上所遭受的最大不幸,也是他们的最大耻辱。

第十二章　希特勒主义和西方列强

在西方列强的阵营里，人们认为来自国家社会主义方面威胁世界的危险，比起令人担忧的来自俄国布尔什维主义的危险是更大的，更紧迫的。他们宁愿和后者联合起来打倒希特勒的德国。并且通过他们的共同胜利，——对此俄国所作的贡献最大——而为未来开拓了广阔的机会。这种结局之成为可能，只是由于希特勒和第三帝国兴起的缘故。我们这里并不要问，如果没有他，世界格局可能会是一种什么样子；我们这里只是要问，使得西方列强对希特勒主义更为担忧的那些动机是什么。

毫无疑问，首先而且最主要的乃是权力政治的利益。希特勒的危险是直接的、紧迫的。如果人们不向它斗争，那么整个欧洲就可能沦入希特勒德国的权力范围之内，尽管不是一夜之间，而是一步一步地。人们从第一次世界大战懂得，德国以其人力和物力资源方面的集中潜力可能在军事上做出什么。由希特勒所聚集起来的爆炸力要比我们所积累着的漫长的经济建设工作的爆炸力，有着更迫不及待的、而且在目前是更加危险的迸发可能。总之，西方列强或许对俄国期望看到，它会放弃世界革命的念头，把它自己限制于内部的建设工作，并更接近于西方的民主观念。谁又能否认，西方列强在强权政治的一切考虑的背后，存在着有一种对德国的

普遍不信任呢？作为一个德国人，我对此感到惋惜和为此而受难之余，觉得我自己不得不追问这种不信任的更深刻的原因何在。

自从法国大革命以来，自从不断增多的人民群众对国内生活施加日益增长着的压力以来，在一切权力政治的利益和国家之间的斗争的背后，就存在着各个国家为生活方式而进行的斗争。我们这里所说的生活方式，是指理想的和物质的生活习惯、制度、道德和思维方式的整体；这一切都通过一种内在的联系，通过一种由内部形成的某种原则而呈现为一个巨大的、尽管并非总是十分确切的但在直觉上却是可以把握的统一体。在欧洲历次巨大的斗争中，旧制度（ancien regime）那种贵族式的生活方式都是首先要倒台的。而今天资产阶级民主的生活方式，特别是像它在西部西方所发展起来的那样，正在受到威胁。属于这种生活方式的，不仅是大多数人在统治着国家，从而是不断增长的群众压力以及社会各阶级在某种程度上的拉平，而且这种拉平过程又由于经济力量之更为自由的作用而受到限制，亦即通过资本主义而使得有资格的个人变得有钱有势。一个民族的道德的和精神的生活、一个民族的文化，也像一个个人的一样，既能够沉重地忍受那种力量的起伏动荡，同样地也能够再度繁荣昌盛起来。对于这种生活方式的整个评价，是歌颂它还是谴责它，都不是这里要涉及的。然而凡是把人的内心道德的自我规定、因而也就是把自己的良心的和思想的自由当作是一切更高级的和真正的文化的首要条件的人，这样的人——哪怕是同时带有一点委身任命的态度，——必定会承认，要在西方民主之下为精神和文化准备一席地位，乃是完全可能的事。经济力量的复合体的和社会习惯势力的事实上的暴政，很容易使

精神和文化严重地狭隘化。但是就在这里，在民族的意识形态里面，基督教西方那种历尽艰苦奋斗而得来的基本权利，那种良心的和思想自由的权力也并没有消失。笔者本人在写这几行的时候，耳中仍然在回响着1936年罗斯福[①]总统在哈佛大学三百周年庆祝会上亲口说的话："在近代这个火烧巫人的时代，freedom of thought〔思想自由〕已经从原来曾经是它的故乡的许多国度里被驱逐出境了，哈佛的和美国的职责就是要高举freedom of thought〔思想自由〕的旗帜。"第三帝国对我们所实行的剥夺灵魂自由，或许就构成为如果不是有效的、至少也是最深刻的理由，使得西方民族对希特勒德国深恶痛绝。

然而罗斯福的话同时指出了，希特勒德国和我们曾在其中变得伟大起来的那个往日的德国之间所存在的深刻的鸿沟。在俾斯麦的帝国中也像在魏玛共和国一样，我们依然享有着广泛程度的良心自由和思想自由。尽管可以承认，在俾斯麦帝国中，权威性的和军国主义的因素也在决定着我们的生活方式，使得许多人习惯于以自己的思维服从于上级的意图，在精神上变得不能独立自主。但是那在当时还没有成为一种致命的危险。追求着精神和权力互相和谐一致的那种古典自由主义的综合体也还没有死亡。它们在十九、二十世纪之交甚至还以一种新形式经历了某种程度的复兴，而且它在8月以前的时期[②]还怒放出那么多美好的东西。确实，

① 富兰克林·罗斯福（Franklin D. Roosevelt，1882—1945），1933—1945年任美国总统。——译注

② 指第一次世界大战以前的时期，第一次世界大战爆发于1914年8月初。——译注

那些努力追求权力和享乐的杂草，也同时在丛生着。但是德国的生活方式和西方的生活方式二者之间的内在联系，还没有被一刀切断。还仍然存在着一种共同的基督教—西方的气氛，——这里的“基督教”一词是用于广义上的对良心自由的重视。随后，第一次世界大战似乎是摧毁了它。于是西方人士就责怪我们背叛了古老的、更优美的德国精神，那同时也就是西方的精神；并且普遍地指控我们的粗暴的权力崇拜。我们以纯真的良心在否认这些，——但是早在第一次世界大战过程中，我们自己却不得不感到这些谴责是有点内容的，不管它们来得是多么过分。一种新的德国生活方式是危险地加强了；当问题涉及到取得国家权力的时候，它竟容许人的良心保持缄默，尤其是在凡尔赛和约的影响之下。我们前面已追溯了它在魏玛共和国时期与老的生活方式进行的斗争以及这个共和国在它下面所受的苦难。然而这种新的德国生活方式竟登峰造极成为了希特勒运动，成为了在权力斗争中与一切道德束缚的彻底决裂，成为了一种丧尽良知的生活方式。

西方的西部满怀不信任而又饶有兴趣地在注视着这一过程，但是并没能充分理解到，如果希特勒胜利了，而魏玛体制要使德国的生活方式与西方的生活方式保持一致的努力失败了的话，整个西方会处于什么样的局面。〔西方的〕人们感到他们处于自己的强而有力的权力范围和安全体系之中，是一切都太安全了，他们享受着这些作为是一种上帝恩赐的和当之无愧的幸福。他们一点也不担心要维护自己的生活方式。他们可以安安静静地让法西斯主义的实验在他们的眼前进行着，因为如果它导致战争的话，它就必定会因意大利实力的弱点而翻船的。何况墨索里尼曾宣布过，——不仅是出于宣传上的考虑，而且也因为他确实是那样想的，——他的法西斯主义只意味着意大利本民族的事情，而并不是输出品。英国自己的小小的法西斯运动是与摩斯莱[①]这个名字联系着的，也并不被人认真加以对待。

但在这时随着希特勒一起就出现了某种新的东西，确实并不是绝对新的，而是就其后果及其未来的可能性而言是新的东西。从最初完全是很小的、但却是坚定不移和肆无忌惮的少数派之中，法西斯主义已经兴起了。它造就了一个胆大妄为的团体，这些人出于他们极端个人的权力欲和名利欲而参加到那里面去。然而，民族主义的意识形态始终是他们身上主要的东西。我们前面谈到希特勒运动时已经指出，这种意识形态的内在真诚性是不大站得住的，——它是可以被忘掉或者被遗弃的，只要赤裸裸的权力—利益有此需要的话。当然，这一点是绝对不能向广大追随者的信徒群众们泄漏或者宣布的。它始终是领导集团精英人物内部极小的圈子里的秘密；但是一个像劳希宁那样敏锐的观察家（在他的《虚无主义的革命》一书中）却早已识破了这一点。NSDAP[②]〔德国国家社会主义工人党〕是一个突出的等级制的组织，它以纯粹外力联合的办法，通过生死攸关的强制手段而把国家社会主义妇女联合会、国家社会主义教师联合会等等都合并成为正规的党组织。这些组织又划分为并再划分为越来越狭小的圈子。但是在它们的顶

① 摩斯莱（Oswald Mosley，1896—1980），英国法西斯运动领袖。——译注

② NSDAP为Nationalsozialistische Deutsche Arbeiter Partei〔德国国家社会主义工人党〕的缩写。——译注

峰却屹立着这样一些人,他们随时准备着干任何坏事,他们是灭绝人性的卡提里那党[①]——他们并不单纯是罪犯,而且还是流氓和骗子的结合,像我们在前面已经提到过的那样;在这里,兽性化的幻想可以赋给他们自身那些罪恶的行径以一种更高使命的神圣光彩,甚而是按照希特勒的模式来改造全世界的那种普遍的使命。"世界计划"一词就是从这个圈子产生出来的。

而这种幻想并不是完全没有现实基础的。因为在每一个国度、在每一个民族都有一小撮人,他们同时既是流氓又是狂人,人们可能和他们发生联系,而他们则可能受到希特勒运动侥幸成功的前例所鼓励而在本国也从事同样的事。这一点我们在挪威的吉斯林的身上,在荷兰的摩泽特[②]的身上以及在瑞士和东南欧各国的纳粹代言人身上都可以经验到。到处都有这样现成的小希特勒在进行工作。NSDAP〔德国国家社会主义工人党〕的国外部(Auslandsorganization)曾试图在美洲把这些小组织——他们称之为"细胞"——都联合在一起,主要是在南美(阿根廷)并显然也还在美国。希特勒运动就这样取得了一种世界性。一个新的国际正在兴起,目的是在时间的过程中把迄今所有的各种红色的、黑色的、金色的等等国际[③]都打翻在地。它那口号喊起来很可能是这样的:"全世界卡提里那者,联合起来。"

---

① 卡提里那(L. Sergine Catilina),公元前一世纪罗马贵族,以阴谋诡计和残酷无情著称。——译注

② 摩泽特(Anton Adriaan Mussert,1894—1946),荷兰法西斯运动领袖。——译注

③ "红色的"指共产国际,"黑色的"指天主教国际,"金色的"指金融国际。——译注

现在也许我们就第一次理解到，何以西方国家下定了决心要尽其最大的努力来与希特勒的危险进行斗争了。在我们所知道的那种权力政治的动机之上，在俾斯麦帝国时期德国的权威主义与军国主义的结构已经给他们造成的那种不安之上，这时又出现了新的危险。就是这个新的德国，在它把权威主义和军国主义抬到闻所未闻的高度的同时，就有可能通过国际宣传，在西方国家的本土上引起麻烦；假如它侥幸成功的话，还可能造成一场革命，并终于完全剥夺他们迄今为止的生活方式。它或许可能像若干世纪以前的那场黑死病[1]，当时从海外带来的几枚细菌就足以在短短的时间内把它们的繁殖充满了一切河流。

〔西方国家的〕人们相信他们对于布尔什维主义是可以免疫的。法西斯主义曾宣布要放弃成为输出品的意图。反之，希特勒主义却突然之间以一种提炼出来的、而且对一切国度都马上适用的新方法，而把一种新输出品带进世界市场里来。构成这种输出品的原料的，在某种程度上乃是种族思想意识，而以对犹太人的仇恨为其核心；这一点在一定数量上是在各个国家都存在着的，或者是可以被发展起来的。但是提炼这种原料则要靠纳粹那种教阶制的组织了，它准备要争取人民群众并满足他们半—理想式的本能；它到处都唤起了人们的领袖欲，但却使得对权力以及对人们所渴求的一切地上财富的享受，只成为一小撮肉食者中的特选分子的特权。当种族思想意识和仇恨犹太人作为原料已有点满足不了人民群众的需要时，终于便会又有由某些理论家或宗派家所炮制的

① 1348—1349年黑死病（鼠疫）在西欧流行，使当时人口减少一半。——译注

另一种思想意识来代替它并及时地被吹涨起来。在文化已浅薄化到了文明[①]的阶段，一切思想意识就不再能稳坐不动了；它们并非随时随地总是真的，它们在某些条件下很容易互相转化。回想到歌德的话，则我们并不是生活在一个信仰的时代里，而是生活在一个不信仰的时代里。然而肉食者的天性是每个时代和每个民族都有的。它们潜藏在社会的恶魔般的深处，一到革命的和不信仰的时代就脱颖而出，这时它们就变成为布克哈特已经看到在西方正在到来的那类 terribles simplificateurs〔可怕的单一化者〕。

这类恐惧必定是，像我们所猜想的那样，已经攫取了西方人民的灵魂。它们并不需要被想象为是朝着所有的方向在前进，它们也许从未上升到一种明晰的自觉性，而可能只不过是一种阴沉的感觉，即他们民主自由的生活方式受到了威胁；这就唤起了几乎是一种十字军式的心情，使他们去进行战争，并把种种可怕的、空中楼阁的恐怖说法，都强加到我们和我们的历史纪念碑的身上。

① 按，此处作者系沿袭德国传统的用法，文化(kultur)一词通常指精神方面的成就，文明(zivilization)一词通常指物质方面的成就。——译注

第十三章　希特勒主义有前途吗?

通过上述的考察便引起了一个对我们非常之可怕而严峻的问题:希特勒主义尽管目前已经被打翻在地了,然而会不会由于它那种统治人民的方法的煽动性的优势而终于成为在西方占统治地位的生活方式呢?我们前面已经在希特勒主义之中寻找过其积极的内容,而且也曾找出过一些东西,即,它那自觉的目标,要把时代的两大潮流(民族主义运动和社会主义运动)融为一体,并且为了这一目的而把社会上流变不定的各个阶层更牢固地形成为一个整体。但是我们对于为此而采用的方法,却有着一种无法克服的厌恶。习惯于黑格尔式思想的人,可能怀着一种历史哲学的慰藉而对于这些置之不顾;他们认为世界精神(weltgeist)[1]就只有通过炼狱,——就像是昔日〔日耳曼〕民族大迁移(völkerwanderung)那样,——才能攀登更高一级的新阶段。但是假如这种所谓更高级的阶段导致对良心的一种有系统的镇压的话,那么它就从而又会导向深渊了;而良心乃是我们在自身内外所认识到的一切神圣事物的根源。所以只要良心在统治着人类和各个民族,它就会防范

① 按,黑格尔在他的《历史哲学》一书中,认为人类历史乃是世界精神的体现。——译注

自己免于向着深渊前进。

尽管如此，一个曾从布克哈特那里学习到某些东西的悲观主义的历史哲学家却仍可以宣称：这种深渊乃是无可避免的。他可能指出西方民族的文化和文明中的堕落的征兆，以及那里的人民群众对权力和享乐的追逐方式可能有朝一日会压倒目前依然存在着的思想上和伦理上的那种更为高尚的动机。这一点当然是一件有赖于信念而不是有赖于证明的事。对一个民族目前的道德和非道德的力量二者间做出这样的一种评价或衡量时，往往要取决于天生的气质，无论它是倾向于悲观主义的还是乐观主义的。然而，我们或许可以找到一种客观的办法来解答我们的主要问题：是否目前已被打倒的希特勒主义仍然可能有一个普遍的前途？

导致了希特勒攫取政权的，确实是一种完全独特的、而且在不小程度上还是各种偶然的原因的遇合。正如我们力图指出的，当兴登堡在希特勒的任命书上签名的时候，并没有一般的迫切必要性在指挥着他的笔。当时存在着有足够多的可以防范它的各种力量。假如兴登堡让这些力量发挥作用的话，希特勒运动大概就会始终只是一支插曲罢了，——就像往日的汤玛斯·闵采尔[①]和闵斯特城的再洗礼派[②]的王国那样。它的普遍前途在当时就会已经宣告破灭了。

然而，我们却没有忽视，这种证明方法并不是完全充分的。有

① 闵采尔(Thomas Münzer，1490—1525)，16世纪初德国农民战争的领袖，起义后不久被害。——译注

② 再洗礼派是16世纪初德国宗教改革的激进派，参加了德国农民战争，后于1534—1535年成立闵斯特公社，不久失败。——译注

人可以反驳说,一种新思想的最初倡导者往往会倒下去,但是这种思想然后又会通过它所找到的新的传播者而获得胜利。

但是我们同样也可以反问:希特勒所代表的那种思想其内容是不是丰富得足以鼓舞新的继起者来取代已经消亡了的上一代呢?下面便是对此作出的答复。凡是可以算得上是希特勒事业中的"思想"的一切东西,根据我们的分析,都被一伙必须被称之为肆无忌惮的骗子们的投机行径深深地遮盖过去了。它是很可以由于有利的因缘巧合而获得成功的。它还很可以准确利用它所熟知的西方列强之厌恶一场新战争而再取得外交政策上的成就。但是这些成就却由于轻率地过高估计了侥幸而过低估计了对方和他们的潜力而被丧失了。这一切都是历史上骗子行业或是在赌桌上孤注一掷的赌徒们的典型阶段。而这整个事业中的赤裸裸的自私自利的性质,就终于在其最后的崩溃中令人震惊地而又明白无误地暴露了出来。因为他们不能不看到这场赌博是输定了,而且也看到他们自身是输定了,所以德国人民也得输定了并且要毫无意义地随他们的领导人一起坠入深渊。这里还有什么"思想"可言呢?为人民而生、为人民而死;是的,这本是一种"思想"。但是要整个民族自身毫无意义地为此而牺牲,那便是破产者的骗子行径了。

希特勒集团的所作所为的罪行太大了,是不可能博得一席更高一些的历史地位的。一伙罪犯居然能成功地迫使德国人民服从他们的领导达 12 年之久,并使德国人民大部分都相信自己是在追随着一种伟大的思想;这一事实尽管是如此之令人战栗和羞愧,然而其中却也还是有着某种令人安心和慰藉的成分的。德国人民并没有从根本上患有犯罪的情操,只不过是一度遭受它所带来的毒

剂的沉重感染而已。如果这种毒剂长期在体内起作用的话，那么情形当然就会成为绝望的。在那12年之中困扰着我的最阴郁的思念就是：〔纳粹〕党可能在继续保持自己当权和对整个继起的下一代人打上她自己那堕落的本性的烙印这两方面获得成功；——但是压倒这一点的却是，我在计算着他们在世界政治中的狂妄目标必然会给他们带来一种可怕的终局，而那当然也就是对我们全部的外在生活和我们在以往时代里全部的民族政治成就的可怕的终局。唯有这时候我们的内心生活、我们的灵魂、我们的良心，才能得到又一次的喘息并达到一个新的生命阶段。

这时，我又以这一信念在宽慰着自己：即，德国人民在上了这可怕的一课之后，将会再回到他们那更好的方面来；并且把自己血液中的希特勒主义的寄生虫排除掉。我也永远没有忘记过这个希特勒主义和此前的社会的和精神的发展之间的联系，和自从俾斯麦时代以来上层资产阶级圈子的那种权力热、他们的非精神化和物质化，以及更古老的普鲁士德意志军国主义本质的狭隘化和强化；这一切都是和从 homo sapiens〔智人〕之转化为 homo faber〔强人〕及其摧残灵魂的作用相联系着的。关于这些，我们前面已经谈得够多了，并且总是又回到这一结论上来，即所有这些邪恶的酵素其本身并不足以引致希特勒精神的产生。因此就必定存在有某种特殊的断裂，把希特勒运动和此前的以及未来以任何形式与之相类似的运动区别开来。它乃是历史生活中的人物之独一无二的和无从估计的权力的重大事例之一，——而在这里则是绝对恶魔式的人物。除了这样一个人以外，谁还能组织这样一伙罪犯来掌握住德国人民并敲骨吸髓呢？这伙先生们即使没有希特勒，也会成

为罪犯的。但是当他们认识到希特勒和他对人民群众的魔力时,他们必定会兴高采烈地对自己说:拥戴他为首,我们就能征服全德国了。但是他们之忠于领袖究竟是怎么回事,我们大致可以在席勒的《群盗》[①]一剧里看到。再可以看看罗姆[②]的例子,或者也可以看看鲁道夫·赫斯[③]的例子。而且甚至于希姆莱本人在 1944 年 7 月 20 日以后那段最后的时期里,难道是忠于领袖的吗?

因此,人物是独一无二的,环境配合也是独一无二的;唯有在这种情况下,他们才能侥幸成功地攫取了权力,并在一个有限的时期之内迫使德国人民走上错误的道路。这条错误的道路所引向的领域,是一个天性正直的人在其中不会长久逗留下去的。然而,由此却唤醒了德国人民重新振作的可能性,以及要清除他们自己所经受的恐怖的那种义务。为了达到这个目的都应当考虑些什么呢?——就让我们来发表我们的意见。我们将只把我们的目光放在原则性的问题上,而并不试图对德国的重建做出什么正式的规划来。如果我们〔德国人〕彼此之间在原则问题上一旦意见一致了,如果我们相互之间阐明了我们的心意;那么我们就会找到实现它的种种具体方式和方法的。

首先,应该是报道一下在战争期间所曾经尝试过的、但却不幸失败了的一次挽救〔德国〕的办法。

---

① 席勒(Johann Christoph Friedrich Schiller,1759—1805),德国诗人、剧作家,《群盗》(*Die Rauber*,1781),是他早年的代表剧作之一。——译注

② 罗姆(Ernst Roehm,1887—1934),纳粹党卫队与冲锋队领袖,1934 年 6 月 30 日遭希特勒清洗。——译注

③ 赫斯(Rudolf Hess,1894—1987),纳粹党副领袖,1941 年只身飞英,被拘留,战后被判终身监禁。——译注

第十四章　1944年7月20日事件[1]的背景

如果德国人民在他们自己身上发现了可以挣脱希特勒的轭绊的力量，那会是一桩天幸。但是每一个在第三帝国之下体验过生活的人都知道，要通过一场一般的人民群众运动来达到这一点，实际上却是不可能的事。“只有通过一场战争，我们才能甩掉这伙人”，有一次我听到有一个人喃喃地在说；这些人最初曾经被他们所吸引，然后很快地就感到失望了。一切就都要看国防军的态度。它曾经出过力，帮助希特勒取得政权。但是在它那些更优秀和更成熟的分子中间，对希特勒运动的民族价值的幻念，当认识到它的无价值时，难道不可能消逝吗？难道不可能有一天国防军或许就根据这一点而行动吗？这就是许多爱国人士彼此之间秘密在谈论着的对未来前途的一种阴郁的希望。这就是希望着国防军能采取某种就其规模而言将不亚于一次军事政变的惊人之举，是某种普鲁士—德意志陆军传统中所绝对闻所未闻之举。但是希特勒和〔纳粹〕党所创造的国家局面也是闻所未闻的。一伙罪犯在统治着

① 以史陶芬堡(Stauffenberg，Klaus Philip Shank，Grafvon，1907—1944)伯爵为首的一群德国军官曾策划炸死希特勒(代号为“女武神”Walkyrie)，并于1944年7月20日采取行动。希特勒本人受轻伤。随后即进行大规模镇压。——译注

我们，于是国家就出现了一种紧急状态。在这样一种状况下，那些相信自己是站在同一个严肃的道德立场之上的人们，就可能突然一下感到他们之间分裂了。有的人被自己的良心所驱使，要谴责任何背叛对希特勒所宣誓过的效忠的行为；而另有的人则认为背叛他，把祖国从一伙罪犯手中解放出来，并保护它以免无法预见的不幸，才是更高一级的道德责任。席勒《威廉·退尔》①中的这个伦理问题，再一次成为了活生生的问题。

就我所知，第一个向自己回答了这个问题的是冯·弗立契②将军，他作为陆军司令部的参谋长，处于或许有可能领导一次反希特勒的武装政变的地位，所以不得不在 1938 年初递上辞职书。他抑制了自己。但是不久以后，希特勒方面却干了更多的伤天害理的事；和弗立契很有交谊的格罗纳有一次秘密地告诉我说，——现在这件事可以透露给历史了，——“弗立契现在惋惜当初没有采取行动。后来当波兰战争爆发时③，弗立契只作为一名志愿军参加而并未担任指挥，他死在华沙城下的敌方炮火之下。关于他的结局流传着的各种说法，至少对于我来说，这一说法似乎是最为可信的。这是一个怀着一颗破碎的心的军人的结局。”

然后 1941—1942 年冰天雪地的严冬到来了，它几乎是威胁着我们要准备一场在俄国的第二次 1812 年④，于是这个问题又一次

---

① 《威廉·退尔》(*William Tell*)为席勒所写的历史剧(1804 年上演)。瑞士人民原属日耳曼〔神圣罗马〕帝国，宣誓效忠于哈伯斯堡皇帝，但后来在暴政压迫之下终于由退尔领导进行了反抗哈伯斯堡王朝统治、争取独立的武装起义。——译注

② 弗立契(Fritsch，Freiherr Werner von，1880—1939)，德国将军。——译注

③ 1939 年 9 月 1 日德军进攻波兰(9 月 17 日苏军进军波兰)，27 日华沙投降。波兰战役在四周之内结束。——译注

④ 1812 年拿破仑进军莫斯科，大败而归。——译注

逼迫到了那些在思索着的人们的唇边：为什么这些将军们不采取行动呢？为什么他们不肯为他们以往赞助希特勒运动所犯下的罪行而干点好事呢？为什么他们不推翻那个对于大家都危险的人物呢？然后到了1941年年终时，我才得知事实上确曾有些将军们在争论过这个观点，即只有通过一种正式看起来是应判死罪的行为，才能挽救德国不至于再进一步滑向深渊。那位可算是陆军中最有头脑的前参谋总长贝克将军，当时曾向我们的通讯人说过这样的话："这个难解的结只能是用挥刀斩乱麻的办法来解决。但是挥刀的人却必须懂得德国军队这个强大的机器，并且还能驾驭它。"

和贝克与戈德勒[①]的名字相联系着的那场1944年7月20日的行动，是早已在准备着了。我的通讯人是西线最高司令部的赫尔曼·凯塞尔（Herman Kaiser）上尉。他原是一位历史学家，从那时起就常常来找我；他是一个炽热的理想主义者，一个有着深沉宗教性格的人，他把希特勒的统治看作是一种对上帝的罪恶，并坚决地和贝克与戈德勒一道工作，准备着一场发自武装力量中心的反希特勒起义。他第一次访问我，是有关一个纯历史学的问题，但它却是有预示意义的。他那时正在研究解放战争时期政治上的秘密联盟，于是我们就谈到了艾希霍恩[②]和弗雷森所属的那个1812—1813年的"德意志联盟"（Deutsche Bund）。它是由一些只有三四个志同道合的人为小组的"细胞"所组成的，其中往往只有

① 戈德勒（Karl Goerdeler，1884—1945），1930—1937年任莱比锡市长，自二次大战前即参与反希特勒活动。——译注

② 艾希霍恩（Karl Friedrich von Eichhorn，1781—1854），德国法学史家。——译注

一个人才知道有关下一个细胞的一些事情以及它的秘密成员。我就问道，他弄这些是要干什么；于是凯塞尔便开始透露贝克和戈德勒的计划。对前者他是用艾森曼（Eisenmann）这个假名字，对后者则用麦塞尔（Messer）这个假名字。有一天他很满意地向我说道："今天在我们中间，也可以看到有一个'德意志联盟'了。"戈德勒说，一旦那主要的一击取得了成功，他就可以期待着有成千上万的人进一步来支援一切。

我和凯塞尔的谈话，属于我一生中心弦最激动的事件之一。我基本上同意他的意见，这对他来说就足够了。有关详尽的准备工作，我只知道很少的一点；而且〔1944年〕7月20日的事件，我事前一无所知。但是他安排了贝克和我互相联系并交换意见。所以我就认识了那些可惜是为数不多的高级军官之一，他们可被认为是沙恩霍斯特的真正继承人，不仅是严肃的和生气勃勃的军人，而且也是有很高教养的和目光远大的爱国者。

贝克和戈德勒的计划是以一种正确的政治考虑为基础的。德国的失败，——由于她的对手们更强大的潜力是被一种坚决的意志所引导，——仅仅是一个时间问题，尤其是在斯大林格勒的灾难和美国人在北非登陆以后[1]。希特勒政权再延续下去就只能是延长德国的苦难，对方是绝不会和希特勒政权谈判的。因此，对希特勒所肯定能期待的，就只有无边无际的不幸。但是如果有一个能够进行谈判的新政府取而代之，并为一支虽说不能再取得胜利、但

① 1942年8月22日德军进攻斯大林格勒，9月苏军开始反攻，1943年2月2日斯大林格勒地区德军投降。1942年11月8日英美军在北非登陆，1943年5月北非德、意轴心军队全部被肃清。——译注

却仍能作战并能激起人们尊敬的军队所支持，那么我们就可以希望取得比希特勒统治之下的白血病更为有利的和平条件。

确实，对于这一想法可能会有许多的反对意见。毫无疑问，在事情成功之后，可以预期的是那种背后下手的流言，是纳粹方面的疯狂叫喊：最后胜利是被叛徒从我们〔德国人〕手里夺走了。难道人们不是在最后灾难的仅仅几个星期之前，还厚颜无耻地在散布着最后胜利的神话吗？这时，凡是要把保卫德国免于她历史上最大的浩劫这一重任置于一切之上的人，也就要能表现出道德的勇气来承受第二次背叛[①]这一流言所必然会加在他身上的种种诬蔑。这种勇气，贝克和他的伙伴们是有的。

但是更为严重的则是另一种反对意见。我们有把握，在希特勒垮台之后，军队会跟着这批投石党[②]的将军们走吗？其他的将军们不会挺身出来反对他们吗？而且大敌当前，不会在前线和国内点燃一场内战吗？当战争爆发时，军队的纳粹化就已经进行很久了；而军队是否会认识到德国的真正局势并听命于新的政府，这一点就不仅要以那些将军们、而且也要以那些年轻的中下级军官们为转移了。由于这种政治上的不成熟和直到此时为止这一代的军官团已被严重地引入歧途，所以整个这次举事在一开始就已经失败了。7 月 20 日那一天柏林警卫队的态度，是否像戈培尔要使我们相信的那样效忠于希特勒，根据我最近得到的消息，却是很可怀疑的。他们曾架着枪站在那里“中立”了好几个小时。

① 按：第一次背叛系指第一次大战期间德国的失败并不是由于战场上的战斗而是由于国内的背叛这一说法。——译注

② 投石党(Fronde)，17 世纪中叶法国反对王权而武装举事的贵族党。——译注

7月20日的失败首先是出于一种偶然，即希特勒居然活了下来；因为那枚炸弹是针对地下室的水泥墙而设计的，在当天完全例外地在木制营房里召开的会议上，并没有能正当地发挥作用。如果希特勒是被炸死了的话，那么一切就要取决于陆军的新领导和武装党卫队之间斗争的结果了。军队会要求武装党卫队合并到军队里来，从而能继续对外部敌人作战，并将会仅只镇压武装党卫队中进行反抗的那部分。但是既然希特勒本人还依然活着，那么这个计划的成功前景就变得很渺茫了。

人们也可以为叛变者们做出如下有效的辩护：即他们认为由于希特勒政权的延续而对德国所造成的不幸必定要远甚于一场内战的不幸。内战可以预见得到，将会只是一个短暂的时期，而且反对外部敌人的战争这时也将会很快就告结束。许多城市都将会不受破坏，千万人的生命也将会得到保障；7月20日的企图当时是会导致某种这类的结局的，假如希特勒的确是被推翻了而且引来了军队的分裂的话。

最后，还可以举出关于方式问题和准备时间过长问题这一最终的反驳。如果是要保守秘密的话，那么就已经有比适宜的数目更多的人（也许是必要的）卷入了这个秘密。还出现了一些无法预见的情况。举事之所以长期推迟，首先是由于贝克的重病造成的，那次病使得他在1943年进行了一次手术。然而，这时候被告密的危险却变得越来越大。事实上，1944年初，凯塞尔就通知我说，这次举事是被出卖了并且必须加以放弃。而在1944年春贝克最后一次来访我时，他向我说："没有办法了，无可挽救了。我们现在只有把这杯苦酒饮干，直到最苦的结局为止。"我现在猜想，他们终于

对这次密谋做孤注一掷，是因为它已经被出卖了，而且也因为他们要在迫在眉睫的大规模逮捕之前至少做一次拯救德国的最后尝试。

于是，正如众所周知的，就对那些真正的或者仅仅是被认为的同谋犯进行了大规模的处决，这场处决的意图是要打击尽可能之多的响应号召来帮助建设新德国的人。我们〔德国人〕由于这场处决而被夺去了许多有价值的和无可弥补的力量。在人民中间起初并没有透露，在那些被处决的人中包括有活跃的普鲁士财政部长波匹茨[①]；前驻罗马大使乌里希·冯·哈塞尔[②]和前驻莫斯科大使舒伦堡伯爵[③]等人。要说执行这次谋杀的人们是一个反动的军事集团，可就是无稽之谈了。许多古老世家出身的名字和社会民主党人的名字并列在现在已经查清的被处决者的名单上。而这份名单显然仅只提到实际上已被处死的人们中间的一小部分。贝克本人是多么地不可能反动，我从和他的谈话里是清楚的。在上述1944年5月我和他最后的一次谈话里，他的意见是：在预期之中的浩劫结束以后，一定要建立一个统一的反纳粹党，它将囊括从极右派直到共产党，因为，共产党人在民族的一些根本问题上的忠诚是可以信赖的，正如他在上西里西亚所曾体会过的那样。

关于7月20日那些人，人们或许永远也不会达到一个一致的

① 波匹茨（Johannes Popitz，1885—1944），于1933—1944年任普鲁士财政部长。——译注

② 哈塞尔（Ulrich von Hassel，1881—1944），德国外交家。——译注

③ 舒伦堡（Friedriech Werner，Graf von der Schulenburg，1875—1944），德国外交家。——译注

判断，无论是赞成的还是谴责的。作为一个广义上的知情者，我只能说，我认为他们的动机是纯洁的和高尚的。他们向全世界证明了，在德国军队里、在德国人民中间，仍然有一种力量不愿意像哈巴狗那样地屈服，而是具有殉道者的勇气。

第十五章　德国的新生之路

根除国家社会主义的毒瘤这一任务，现在就转移到了战胜国的手中。这对我们这些一直默默地希望着以我们自己的力量来解决这一任务的德国人来说，成了心灵上的沉重负担。许多苦闷的心灵都想不通，他们出于民族的荣誉感，认为和迄今为止的国家敌人绑在一条绳子上是无法容忍的事。这的确是一种进退两难的局面，是通常有关民族义务的问答手册中所从来未曾见过的局面。鉴于我们今天整个的民族没有例外地在忍受着沮丧，我们在好好地思索过了它的渊源之后，就必须把自己置身于整个民族之后，并忘掉我们自己之间以往的一切争端。

但是难道同时就没有一种我们必须把自己置身于整个民族之前的局面，使我们能引导他们脱离幻想走向真理了吗？只有已经使自己完全明确我们目前所遭受的外来的异族统治时代是先有着一个内部的异族统治时代、一伙罪犯们的统治时代的人，才能够找到一条解决国家义务问题的道路。外来的异族统治是可怕的事，对一个骄傲的民族，是沉痛的沮丧。但是这个民族的灵魂却并不必然地、普遍地要为此而痛苦。更优秀的人的民族感情，这时甚至于可以在悲痛之下得到深化和净化。我们从我们自己的历史里懂得了这一点。像在第三帝国我们沦于那种内部的异族统治之下，它是怎样能对整个民族的和个人的灵魂起作用的，我们自己是刚刚才开始在亲身经历着。它之钳制人们的灵魂，要比外来的异族统治更强烈得多，因为它可以以谎言欺骗和弄虚作假而做得更有效。它可以投我们之所好而把它自己扮成为伟大的民族成就的代理人，例如高度的军事地位和大德意志国家等等。但是即使可以设想这些东西能够保持下去，它们也平衡不了第三帝国的长期存在将会带来的牺牲，——简单地说，即牺牲了正直的情操，正直的情操在这个政权下是受到那么可怕的威胁。一个人如果获得了全世界，却丧失了自己的灵魂，那有什么好处呢[①]？

只要现在[②]统治着我们的外国人[③]试图根除国家社会主义对人民的一切影响，并从而创造基督教西方文明的气氛；我们就必须不仅承认他们基本上是正确的，而且还必须帮助他们并努力防止公式化的夸大和错误观念。根除一个民族的劣根性而代之以更美好的心性，这个任务将会是绝对无法解决的，——如果它所处理的是整个世纪的巨大的精神潮流的话。两个世纪以来的民族的和社会主义的思想，过去和现在都不会容许自己长期受强力的压抑，——还有他们所争取的这两者的结合也是不会的；关于这一点，我们以后还要谈到。但是希特勒代表着的这两种思想并把两者结合在一起的那种杂交方式，却并不是什么理想，而只不过是完

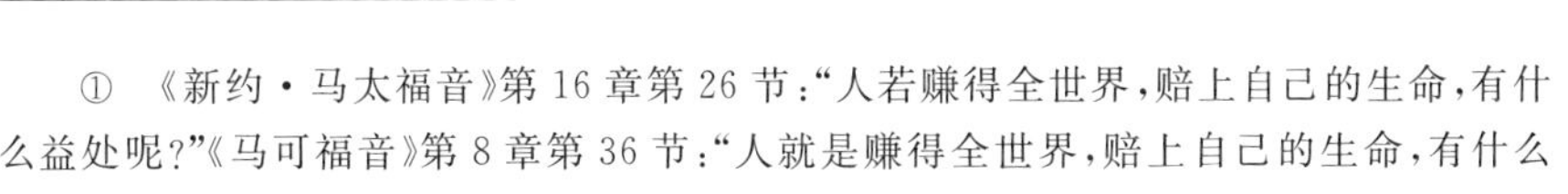

① 《新约·马太福音》第16章第26节："人若赚得全世界，赔上自己的生命，有什么益处呢？"《马可福音》第8章第36节："人就是赚得全世界，赔上自己的生命，有什么益处呢？"——译注

② 本书写于1946年。——译注

③ 二次大战后，德国作为战败国，由英、美、苏、法四国军队占领，实行军事管制。——译注

全常识性的东西,并且是一种罪恶的意识。而这一点,人们却需要努力而且成功地加以抵消。这至少是一切文明国家里通俗教育常常——虽非绝对地,但却在很高的程度上——能够做到的。对正直人士的呼吁,也总是会在德国人的心中得到反响的。某些外部的措施,甚至于那些上升到某种强迫程度的措施,是在所难免的,正如在每一种普通教育中那样。我们的外国主人,作为强大的战胜者,将会充分地运用它们的。

因而,我们的任务就是要使他们得以理解我们的真实状况。没有判断力但心底里并无恶意而又正直、甚至还想成为理想主义者的那些家社会主义的同路人,为数是大得惊人的。在这里就必须采用不仅是严格的公道,而且还要有人性的谅解。党员和党员并非都一模一样,——我们要向审判官们呼吁 distinguendem est〔区别对待〕,尤其是我们这些从一开始就谴责纳粹主义的人。这不仅关系到在个案中应该宽大为怀和保护私人生命免于毁灭的问题,而且也是要防止会普遍刺伤人们感情的问题。感情受伤可能来源于一种受到了不公正待遇的感觉,它会妨碍我们内心的恢复,也会把德国造成为一个为害最烈的病灶。还有那些内心里反抗希特勒、但为了自己的生存而在表面上屈服的人,为数也异常之多。许多人本身原是会表现出殉道者的勇气的,他们之未能这样做是为了避免连累自己的家庭。一切"亲友"都要受到株连,——这是党的最高明的整人技术。

现在胜利者宣布了他们想要根除的不仅是国家社会主义,而且还有作为世界动乱不安的根源的军国主义。所以我们的高度武装力量、我们的普遍兵役制,都必须废除。我本人在半个世纪以前

曾把博因1814年9月3日在普鲁士采用国防法(Wehrgesetz)这件事说成是德国史和世界史上开创新时代的大事;今天我仍然要承认这一论断。但是世界历史上一切伟大的和富有成果的思想,在它们历史的实现过程之中,不是从那里面都可能有健康的和不健康的因素同时发展出来吗?我们在我们的历史思想中所体验到的只是这一点:即在人生中和历史的生活中那种恶魔的潜存因素要比以往更加令人震惊地出现在我们眼前。同样地,在普鲁士—德意志军国主义的发展过程中,正如我们已经指出的,也可以清楚地区分出健康的和不健康的成分。博因是康德和沙恩霍斯特的弟子,他不仅是个军人,希望能有一支庞大而能作战的军队,并且也是政治伦理方面的人民教育家。他想通过普遍的兵役制,就像是通过嫁接一种高贵品种那样,带给战争服务并给人民生活以一种更高的道德内容。他以他那种民兵防务的理想,在反对着从腓德烈·威廉第一以来的那种粗鄙的军国主义。那虽然也并不缺乏伦理的价值,但是由于其精神的狭隘性,却丧失了与更高级的文化的联系;于是当被看作是单纯的国家权力的工具时,它也就有助于造成19世纪晚期的那种权力热。就在博因的这些努力上,——它是我论述过了的,——我第一次接触到了普鲁士灵魂的两重性。一种高级的原则和一种低级的原则总是在相互斗争着,而且是那种低级的原则终于获得了胜利。这一点是今天我们必须老老实实向自己承认的,并且必须从其中得出结论来。那种低级的而又堕落了的军国主义盲目地沦为了希特勒的一种工具,并且终于在希姆莱的党卫队那里达到了它罪恶的顶峰;它已经是无可救药的了。它能够、而且它必须被消灭干净,才能为我们防务精神未来的崇高

发展留下一片没有任何坏种子的植根土壤。因为没有一种健全的防务精神，一个中欧国家就不能长期生存并作为一个民族而保全它自己。

确实，军队里也还有着不计其数的勇敢的士兵，他们在上次的战争中就抱有这样一种健全的防务精神，并且在最艰难的情况下努力在尽自己的义务。他们现在面临着同样沉重的任务：要迫使自己努力看到自己的防务精神是不光彩地被误用了，并且为了防止这类的误用，就必须结束以往的军国主义。那将是无可名状的痛心，特别是对于军官团中的那些在自己身上仍然继承着沙恩霍斯特时代高尚传统的人们。在和那里面包含有那么多的光荣和骄傲的旧传统进行彻底决裂时，他们就丧失了对于他们来说意味着自己家园和生命气息的某些东西。但是今天我们不都是丧失了自己家园的某些东西吗？就让我们深深地体验一下这里面的苦痛吧；可是我们却不可让它压倒我们，不可让它蒙蔽我们对于不可避免的事物的洞察，也不可让它妨害我们的生存和新生的意志。

现在没有防务，并不是说永远都要没有防务。什么时候我们才可以再运用一个自由国家的权利，这将取决于外国强权的决定；——这一点对我们真是足够灰心丧气的。然而，今天我们这种灰心丧气的愤懑却必须针对着那些对它负有罪责的人而发，针对着把我们引入深渊的那些人的恶意而发，以及针对着那些内心里并不抗议而屈服于这种领导之下的人们的毫无判断力而发。

我们现在必须和我们的军国主义的过去彻底决裂，而这也就使我们面临着一个问题，即我们整个的历史传统会变成什么样子？把它们全盘都扔进火里，像是叛教者那样地干，那是不可能的，而且是自杀。但是我们在其中成长和强大起来的那幅为我们所习惯的画面，现在却绝对地需要一番根本的修改，才能使我们清楚地区分出什么是我们历史上有价值的、什么是没有价值的。根据我们的信念，要做到这一点，就只有运用能察觉出历史中的有价值的和无价值的二者之间恶魔般的密切联系的那种历史思维才能做到。我们认为，好的和坏的、神明的和恶魔的这两者，是那么常常地表现出彼此的互相转化，——这正是属于歌德在他的《神明的》(*Das göttliche*)那首颂歌里所说的那种人类生存的“永恒的、伟大的、铁的法则”。在那首颂歌里，歌德还写道：“唯有人才能做到不可能的事。他在识别，他在选择，他在判断。”然而表面上看来是不可能的事又如何成为可能，以至于在我们的考察中健康的和不健康的尽管确乎是那么常常地彼此互相转化，然而我们在道德行为上却又能够加以区别并且能够为善而努力，——这就是在逻辑上永远不可能充分思议的，而为了能理解，却又是必须被我们体验的。如果考察的任务乃是要试图区分我们过去的历史之中的好和坏、高和低，并以新的评价来代替对过去的传习观念；那么我们就必须始终意识到自己所从事的乃是人的工作，并且从而是始终受着因时而异的时代精神的制约的。可是这又必须是要去尝试的。而且是以一种责任心、以一种纯洁的、人道的和爱国的感情去尝试的。

我们现在就怀着这样一种感情要反对常常是属于战胜者的阵营中的一种议论，即那种对于世界是不健全的东西，最初并不是源出于第三帝国，而是要更古老得多，是起源于俾斯麦，甚至于是起源于腓德烈大王。然而这后两个人给世界所造成的不安，并不更甚于一个充满活力的、蒸蒸向上的年轻国家所自然而然给它作为

对手的老邻邦所必定会造成的。这些邻邦已经在彼此之间遭受过足够多的强权政治的斗争了，而且肯定地对于一个腓德烈或一个俾斯麦给他们造成的新的不安是不可能高兴的。不过这一切都始终停留在古老的欧洲的范围和界限之内，也并未从而威胁到它的文化。或者，普鲁士的军国主义是不是要根据我们自己对它所做的批判而加以谴责呢？——即，普鲁士军国主义给西方的发展带来了一种有害于文化的因素。然则，或许要受到这种谴责的，是那个 1814 年的防务法及其普遍的兵役制，——而它却又是被各个国家一一采用了的。也丝毫不必否认，在普遍的兵役制中隐含着一种恶魔的种子，是我们过去忽略了的；但是它通过在第一次世界大战中的过度膨胀已经向我们显示了出来，并由于在第二次世界大战中对它所做的骇人听闻的滥用而格外明显了。这一切也都属于我们时代的最沉重的基本经验，即一切历史同时都是悲剧。悲剧性的本质首先就存在于这一事实，即人身上那种神明的成分和魔鬼的成分是难分难解地交织在一起的，——关于这一点，我们现在在阿尔弗莱德·韦伯[①]的论历史中的悲剧性因素那部深刻的书里就可以读到。

腓德烈大王和俾斯麦的确不仅有建设而且也有破坏，在康斯坦丁·弗兰茨大约在 1866 年左右所作的批评中，正如我们上面已经看到的，是触及到了历史真理的某些方面的。今天，对于一个有思想的历史学家来说，要把握建设和破坏二者之间的这种生存联

① 阿尔弗莱德·韦伯(Alfred Weber，1868—1958)，德国经济学家、社会学家。——译注

系，而不由于这一个便忘记了另一个，——这还是比较容易做到的。然而俗人们带有情绪的思想却倾向于从一个极端跳到另一个极端，而且今天就烧毁自己昨天所宣扬的东西。在这里面，我们就看到了未来德国历史学的崇高使命：即要证明对我们过去的热爱心和严厉性，要推进保持其中一切真正的价值这一任务并认识到其中一切无价值的东西，而且当要采取行动的时候，要在它面前保持戒心。

即使是一个被剥夺了自己民族的政治独立性的、分裂的德国，——正如今天我们被规定的那样，——也应该怀着骄傲的忧伤在怀念她自己过去所曾享有的统一和强大。而她以往追求统一和强大的努力，并不像布克哈特在他《世界史考察》(*Weltgeschichtliche Betrachtuugen*)一书中所看到的那样，仅仅是群众的一种盲目的追求，文化对于他们是没有意义的。倒不如说，它是载负着——这一点是布克哈特所不能完全理解的——精神与力量、人道与民族性的内在结合那样一种伟大的思想，从中就为我们产生出来了伟大的文化价值。但是我们必须明确的是，这种结合却由于我们本身的罪过而成为过去了。现在所提出的问题是，我们要不要重新立即为之而努力？首先，今天外来的强权关系禁止我们这样做。现在要恢复这种结合所必然具有的力量的一部分，将只会导致无能的骚乱。而且由于内在的原因，现在必须放弃这样做。我们的权力观念首先必须全盘清除它从第三帝国所带来的种种污浊，然后才能有形成精神与文化结盟的能力。强权的目标必须要慎思熟虑并明智地加以限制。要想成为世界强国这一愿望，已经向我们表明了乃是一个虚幻的偶像。我们的地理政治的和自然地

理的处境,是不容许的。要做一个世界强国,还是一种两面性的行当;它使人眩惑,而在其中文化又总是会很容易蒙受不幸的。

但是人们可以反驳我们说:难道我们过去的、而现在已经破了产的世界政策,就不具有曾为我们猛烈增长着的人口提供了物质生活的可能性这一积极意义吗?随着我们力量的丧失,这些物质生活的可能性,不是也因之受到了威胁吗?而且现在难道不要担心战胜者意图分割我们,会使我们完全丧失我们的东部省份(我们要依赖那里的农产品过活),并会尖锐地缩减我们的工业(我们的工人群众就是靠它为生的)吗?在这方面,有一种极其阴暗的忧虑在压迫着我们。对于我们以往的世界政策,而尤其是对于第三帝国的争取世界霸权,也可以做出这样的谴责:即,他们追求的是要保障德国的未来食物这一正确的目标,却采用了错误的、而最后更是完全错误的方式。从而,我们就沦于一种悲惨的境地,使我们的物质生存要完全依赖于战胜者的远见和智慧。

权力,迄今为止对我们始终是太过于以其自身为目的了。并且不仅只是对我们自己,而且一般地也是对近代的民族主义。权力竟可以脱离它对一个民族所贡献的物质生活需要的服务而论证其本身的正当性;但正是通过这种服务,它才能证明人道的、文化的和宗教的最崇高的精神—灵魂的价值。可是事实上它却不是这样,而国家权力总是一再地以其自身为目的在行动着的,这一点历史学家知道得十分清楚。但他最好是每一次在必要地观察了现实之后,再来仰观一下人类最崇高的星象。于是在他所觉察的现实和理想两者之间的对比,就造成一种悲剧性的效果。然而,他所必须加以叙述的历史本身,其性质确乎就是悲剧性的。

历史学家只需写出并评价事件的行程，而他本身并不参与决策。但是重大危机的时代，却引导他超出这种任务之外。所以就让我们也来谈谈我们是怎样在思索权力在我们未来生活（尽管目前还是毫无力量的生活）中所要扮演的角色的。只有作为未来中—西欧国家自愿缔结的联邦中的一个成员，我们才能赢回我们的权力，这样一个欧洲合众国的形象，自然而然是要在战胜者列强们的霸权之下才能出现的。

要仔细地考察由此而发生的问题，现在还为时过早。但是看看我们德国的那些小邻邦，就很可以给我们教训了。瑞典和荷兰曾一度是欧洲的强国，而瑞士在16世纪初也一度追求过某种类似强权政治的东西。今天它们都具有充分的力量，一旦受到攻击，就可以英勇地战斗。它们的防御精神始终是健全的而又生气勃勃的。要在这样一场战斗中有成效地保住自己，它们就无论如何至少也得要靠世界大国之中的一个来支持。这也将会是我们德国未来的命运。

因此我们就走到了与这三个民族和国家形象同样的历史状况，处在强权政治已经焚烧净尽的火山口，但却在我们的内心依然感受到始终不失为一种勇武作战精神的感召。这三个民族的内在活力，也在他们整个文化生活中得到了证明。在现代，个人精神的自发创造性不得不对群众的压力和把人拉平的技术主义进行斗争，而在这些现代问题的面前，这些国家却并不比我们受难更多或更强烈。这三个国家每一个在晚近的几个世代之中，都曾向我们贡献过最美好的、独特无双的诗歌、艺术和科学的成果。我只消举出在我自己学科领域里的三个名字：雅各布·布克哈特、

胡金加[1]和克吉林[2]。这三个国家没有一个忘记过自己所进行战役的时代。它们都尊敬并热爱它们往日的英雄,虽说今天已再也没有这类英雄事迹的地位了。

像这三个民族今天所过的这样的生活,就不止于是向人民单纯地配给一块老式的耕地而已。人类全部的道德能量和精力,都在它们那里得到了自由的用武之地。让我们决心效法他们的榜样吧。

根据我们上面关于自己所说的话,有人就会问我们道,那么当代的巨大鹄的和主要倾向,即民族运动和社会主义运动这两大浪潮的彼此交融,因此又会怎么样呢?我们对此回答说:这种交融不可能是一桩有意识的理性所计划的事情,而只能是在逐步演化的过程中并以每一个民族的特殊形式在进行的。例如在英国,今天工党的存在、态度和成就就证明了,把一种强烈的民族感和一种强烈的社会主义意愿结合在一起,乃是可能的事。希特勒的国家社会主义的实验之所以是如此之不健康,是因为投进那个杂烩锅里的民族因素只不过是一种堕落的、恣睢暴戾的国家主义和种族狂的最恶劣的形态。于是,希特勒从另一方面所加进来的社会主义因素也就变了质,并被剥夺了它最美好的内容。因为今天要想成为社会的或社会主义的,并那样子去行动的话,就不意味着别的而只能是追随着一种普遍的人道理想,也就意味着以一种具体的方式把人道(Humanität)运用之于近代社会,——这种人道不仅是

① 胡金加(Johan Huizinga,1872—1940),荷兰文化史学家。——译注

② 克吉林(Rudolf Kjellén,1864—1922),瑞典政治家、历史学家。——译注

有益于本民族的社会，也普遍地有益于人类整体。要成为社会的而又人道的，——这二者在今天西方发展的现阶段中乃是同一回事；而今天不断增长着的人民群众正在敦促着我们这样去做。当民族运动和社会主义运动在世界上能达到一种真正健康的融合时，它就必然会再度把我们彻底地从民族主义的蹂躏之下解放出来，并使我们人性化。对我们和对一切西方民族，这就叫做 Ritorna al segno〔回到自己的目标〕。赫尔德当他挺身而出创造一个新时代的时候，不就是同时在揭橥人道和民族性这两者吗？

这是对未来的虔诚的希望！它将会实现吗？我们不知道。我们亲眼看到的我们时代这两大潮流的融合，也可能再度采取某些其他更坏的形式。但作为一个民族，我们当前的任务只能是在人道的旗帜下为我们的灵魂生活的净化和深化而努力。我们的住房是已经被毁掉了，我们粮食的供应范围是已经被削减了。但是德国精神的居住空间和粮食在第三帝国之下也是缺匮的。为德国再恢复这种精神，至低限度也和建造住房和生产生活资料是同样地迫切。

我们在灵魂上必须重加安排的领域，也已经为我们规定好了。那领域就是德国精神的宗教和文化。在不幸之中要寻求一种超尘世的支柱，这一宗教需要可以预见地并且很有希望地会要比第一次世界大战以后来得更强，因为其他每种支柱对于我们都比以往变得更加可疑了。天主教会和新教内的“忏悔教会”（Bekennendc Kirche）以他们那种诉诸人心的方法在装备着他们自己。天主教会现在又能去参加他们圣骸日的行列了。就在我写这部书的地方弗兰哥尼亚的乡村里，人们庆祝了当地的守护神的纪念日。古老

的教堂已经用鲜花装饰得非常华美，村民们熙熙攘攘拥进里面去；在农民艰苦的劳动日，一道光线又从上面射了下来。忏悔派教会要成为群众运动则更困难一些，因为最初聚集到那里去的只是少数的信徒。

现在，在统治着我们的战胜者们对这些活动采取了怎样的态度，是很有特色的。在我们那地区的美国地方司令官，以赞许的态度把所有的小问题都转交给了天主教的当地神甫。在俄国人占领的那部分德国，我听说他们批准给一位特别活跃的忏悔教派的牧师以重劳动者的特殊定量，而且牧师们一般地都得到比较好的食品定额。我们知道为什么会有这种情形，我们应该更进一步走上我们最根本的需要所指明的那条道路。

然而这种重新转向我们祖先的神坛，不应该仅仅是单纯地回到、或者甚而是复活古老的信仰争端，而必须是加进某些新东西，作为我们在第三帝国的异教主义之下所共同遭受的压迫的结果。这种压迫遍及一切在几千年的过程中西方基督教各民族的共同体的土壤上所成长起来的共同宗教财富；它之影响到英国共济会，正如我们已经指出的，并不亚于影响到天主教会。在所有这些一度曾互相斗争的宗教圈子里，是不是也有一种内在的共同财富呢？它那整体的轮廓是已经呈现我们眼前了；那就是对于一切的善都有其神圣的根源这一信仰，对于永恒、对于绝对的敬畏，要把握住虔诚的基督徒所称为神之子[①]的灵魂，承认良心是“我们道德生涯中的太阳”；以及超越人性中感官的低级基础，并朝着出自永恒而

① 指耶稣。——译注

远远摆脱了血统和种族的那种道德律前进。

每深一层的分析都会揭示出，这种西方基督教共同财富中还有其更精微的特征。而它现在的存在，便是一桩美妙绝伦的事实。然而却没有人敢于轻易想到，要从其中提炼出一种新的共同的西方未来宗教。因为这样一来，其中个性化的丰富内容就会因之而丧失；但既要创造出这种丰富的内容，同时又能保持它们并使之进一步互相促成一种更高级的形态，——这就是历史生活的本质。通往上帝的道路是多样化的，而这种多样性是应当受到尊重的。我们要求所有在这个基督教西方的共同宗教财富中有份的各个教会、信仰、宗派和倾向，不仅要互相宽容，而且要互相尊敬。在天主教会和新教忏悔教会之间的这样一种相互尊敬，在他们备受〔第三帝国〕压迫的那些年代里就已经形成了。使得它们相互接近的，倒不是他们学说的内容而是他们学说的积极性、他们的教义之同等地需要一个稳固不变的基础。因而对于他们，就比起对于我们这些具有更自由和更开放的思想的人们来，要形成那种内心里对任何一种真正宗教倾向（不管它是教条或非教条的）的尊敬要更困难得多。然而对我们来说，这种尊敬本身就会成为一种宗教，它是在引向上帝的道路的多样性面前的敬畏。我们的特殊道路并没有阻碍我们、反而是驱使我们渴望能超越它，而达到一种更高级的整个基督教的共同体。一种普世的基督教会（Ökumenische Christentum）将会兴起，它会使自己有别于异教，而且尤其是有别于最近代的种族迷信这一异教；——它只是由于了解自己是与耶稣的生活、教导和牺牲牢固地处于一个历史的连续体之中而有别于异教。因而可以设想基督教这两大最坚实的机构，即天主教会和新教忏

悔教会，将进一步地坚持他们的积极性。这就是他们的本性而必须加以尊重。对于它们所期待和所希望的，不外乎是要它们也能容忍在那个基督教共同财富中都有份的其他一切团体，并更高度地珍视我们所共同的东西而不是使我们分裂的东西。我们大家都处在共同的危险和需要之中！在这里，我们德国人的需要就是基督教西方的普遍需要。因为宗教生活到处都处于有被近代文明榨取枯竭的危险。凡是能够在基督教基础上鼓舞我们宗教生活的，同时也就有助于沟通民族和民族之间的裂隙，并和解战败者和战胜者。

因此在这一前景的面前，即在看到新教主义在未来正像在过去一样，并不是为教条所束缚的一个统一体，而是各种倾向都在起作用的一种组合，——我们就不会感到震惊了。要建立这样一个统一体而又不致使无数的宗教追求者在教会组织上无家可归，这当然是绝对不可能的。这里看起来也还是必须从统一国家的理想过渡到一种联盟式的解决办法。这样的一种联盟当然会很愿意接纳一个像李特麦尔（Rittelmeyer）在1922年所创立的基督教共同体那样富有精力的和生气勃勃的新机构的，而例如像〔纯粹的〕“德国基督徒”那类欺骗性的机构则自然要排除在外。尽管人们可以把美国教会的分裂多方地看作是单纯的社会学现象，——但人们却不能否认真诚的宗教力量也在其中发挥了作用，并且有助于建立起美国主义的整体精神。

在今天，一切的一切都要以我们内在生活的深化为转移。我们提出德国的精神文化来，作为它必须由之以出发的第二个领域。俾斯麦时代的业绩已经由于我们自己的过错而被毁掉了。我们必须越过它那遗迹而追溯到歌德时代的道路。歌德时代的以及生活在那个时代里才华横溢的整个一代人的高峰，都只是由通过彼此的友情而结合成小圈子的许多个人攀登上去的。他们在追求着、而且在很大的程度上已经实现了一种私人的、完全是个人的文化理想，但它同时又具有着普遍的人道意义和内容。相形之下，我们所希望的宗教复兴，就其最深刻的基础而言，也正是一种个人的灵魂在渴望康复的事情。它首先是更加强烈地要求形成一些团体，使得大多数人首先是通过团体的结合并因此也就要通过教会，而得到安全感和保证感。这就意味着首先是必须参与一个大规模的组织。但是组织总是意味着要在某些地方侵犯大多数的普通人，要使他们放弃某些自愿性或者是削减这种自愿性。但是这样也能提高精神文化吗？精神文化难道不需要一个自愿性、个别性和自我深化的领域吗？

对于组织的绝对价值的怀疑，是随着高等学校制度和考试制度而开始的，那里有着太多的外部东西在起作用而可能损害人们内心的东西。在歌德的时代，那些外部的东西是很退后的，而内心的东西因之便能更自由地发展。这一点我们现在是不能模仿了；我们是过分地处在外部世界在我们周围所创造和组织的种种事物的压力之下。为了保持我们内心的创造性能避免这种组织的压力，我们就必须，甚至看来自相矛盾似地，有时候也要采取组织的手段。例如，试看一个乐队的演奏今天已经组织到了怎样的高度；艺术家们的日常生活都被卷进了近代扰攘不息的漩涡里去了，而歌德时的宫廷音乐和室内音乐就要更自由得多、更轻松得多，完全是个性的自然流露。

因此，曾经在我们外在的文明化的装置中享有很高地位的我们的精神文化，特别是艺术、诗歌和科学，今天在我们这里已沦为废墟了。要重新按它过去的面貌来恢复它，是不可能的。或许在每个方面都来恢复它，也并不是必要的。如果德国精神能够再像以往那么地自由、那么地个性化、那么地自然流露而无拘无束地成长，而且无需任何温室的培育；那当然是更好得多。然而为了对于那些如饥似渴在追求精神和美的人能够提供最必要的营养，今天某种组织上的帮助还是需要的。

在我们目前的岁月里，属于能够给我们以直接慰藉的为数极少的体验之一就是，在德国大地有许多地方又在荡漾着这样的努力了。我们听说在一些城市里成立了文化结社和文化团体；我们听说有舞台演出，在那里被人遗忘了的德国戏剧的珍品又重见天日了；青年人和老年人都蜂拥到音乐会里去，会上演奏着伟大的德国音乐。无论这里或那里，人们都在宣称自己的直接目的是要使德国精神非纳粹化。但愿我们无须过多地谈论这个题目，愿我们不要过分沉重地把这种必然会成为我们最迫切的愿望的东西看作是一种趋势。正像在这个领域里不应该存在着过分的组织化一样，目的性的东西和政治领域中成为过去的东西也必须策略地而有节制地加以处理。精神生活和对精神价值的追求，其本身就证明了自己的正当性，而正是在它们最能摆脱政治倾向而又最能自由活动的地方，它们就发挥最深刻的作用。确实，正是当它自发地不受拘束地走着它自己的道路时，它的作用才会发挥得最为深入而又最有好处，——甚至于也在政治的领域里。

因此我们希望，对于这些文化的追求能够得到一种尽可能自

由的和不受拘束的待遇。从而就可以更进一步达到某种虽则同样是急迫在期望着的、但却又不能太有目的地和有倾向性地加以推进的东西——那就是重新获得与其他西方民族的精神接触。因为那情形是：正是我们对自己特殊个性化的德国精神生活的培育，才能最纯洁地而又最自然地把我们和其他民族的精神生活联系起来。还有什么是比从巴哈[①]到勃拉姆斯[②]的德国音乐更加个性化的而又更加德国化的东西呢？正是它，成为了世界其他国家怀着最感激的心情来接受的东西，并使我们在灵魂上能接近他们。德国音乐整个说来起了普遍的影响，而我们文化生活的其他领域——艺术、诗歌、科学——则只是在个别的伟大成就中发挥了作用。但其中的这一点则始终是事实，即一种独特的、真正德国精神的成就产生了一种普遍性的西方影响。还有什么能比歌德的《浮士德》更加是德国的呢？而它的光芒又是何等之强烈地照亮了整个的西方！凡是源出于自己的民族精神的东西，因而也就是并世无双的东西，都会产生一种成功的普遍感染力。这一条经验不仅是限于德国精神对西方精神的关系上，而且它也表明了一条西方文化共同体的普遍的基本规律。我们这里只是提到这一点而已，但它可以有着比这里可能提到的更加彻底得多的阐明。有什么能比拉菲尔[③]的西底亚圣母像（Madonnadella Sedia）更加是意大利的呢，而同时它投在每个有感受力的西方文化人士身上的又是何等的魅力啊！莎士比亚的戏剧植根在英国的土壤里是多么之深，

① 巴哈（Johann Sebastian Bach，1685—1750），德国作曲家。——译注

② 勃拉姆斯（Johannes Brahms，1833—1897），德国作曲家。——译注

③ 拉菲尔（Raphael Sanzio，1483—1520），意大利画家。——译注

但它又是多么惊人地震撼了和渗透到整个的西方！而这种财富总是必须天然地、原始地而有机地从某一民族的精神里面萌发出来，才能够发挥出普遍的影响。它必须是自由地、自发地、没有倾向性地出自最内心的创造冲动。因此一旦受到一种虚荣的目标所鼓动而要向西方其他国家显示自己民族精神的优越性，像是第三帝国所追求的那种种族狂那样，它对西方的影响力就会消失而其他民族也就会轻蔑地予以拒绝了。

四十年前，我在政治史的范围内就试图指出，世界公民国度（Weltbürgertum）和近代民族国家的观念在根本上并没有任何僵硬的对立，而是彼此互相滋养的，或者可以按照歌德和黑格尔的说法，是相互间处于一种两极化的和辩证的对峙状态和联系状态之中。今天，经过了整整一代最惊人的变革而后，我们就可以认识到，同样的辩证法也适用于西方的文化生活。这里，世界公民的国度和民族精神的国度之间也没有僵硬的对立，而是相互交织在一起的。基督教西方的世界公民式的文化共同体，——像是它事实上所存在过的那样，并且像是按照我们最热忱的愿望，它现在应该是再度地繁花怒放那样，——并不是仅仅由外部所强加的而内容上是普遍性的观念和理念所创造出来的，而且也还是由各个民族精神之完全个性化的和独特无双的贡献所创造出来的。最有普遍性的和最为个性化的，这两者在这里是可以相结合在一起的。这一点在我们目前的悲剧局势中，对于我们岂不是一种更高的慰藉么？我们并不需要任何彻底的改造学习，才能再度成为西方文化共同体中的一个成员而起作用。只有纳粹的自大狂及其反对文化和文化的落后，才是必须彻底加以消灭的。然而取而代之的，并不是一种苍白的、内容贫乏的、抽象化的世界公民的国度，而是一种在过去是由最个性化的德国精神的成就所形成的、而且未来还要进一步形成着的那种世界公民的国度。我们可以希望并且相信，这种德国精神当它再度发现了其自身之后，仍然必定会在西方的共同体内完成它那特殊的和无法替代的使命的。

请容许我在结论中描绘一幅小小的心愿的图画；它也是与此有关的，而且是在德国崩溃后那可怕的几个星期里出现在我心目之中的。它十分密切地涉及到我在上面所提到过的我们文化生活的成就中那种一直是最富有成果的根源。在我们所能加以利用的好经验中，甚至可以发现有某些是源于第三帝国的。那个狡猾的戈培尔也同样十分明白，他们怎样通过把一两件美好值钱的商品放在党的橱窗里，就能够掌握无辜的灵魂。每个星期日上午去做礼拜的时候，为了转移人们不要去做礼拜，于是广播里就播放一段“精彩节日”，向听众们放送最美好的德国音乐和精选的诗篇。在崩溃之前不久，我曾听说老腓德烈·凯赛勒[1]怎样地曾在达勒姆的哈纳克(Harnack)大楼里设立过一个歌德舞会，向少数非常敏感的听众们朗诵歌德的诗歌。我的思绪终于又回到希腊人那里，以及他们的荷马最初怎样更多的是通过他们所听到的狂想曲而不是通过阅读而深入到他们的内心里去的。我们也已经有各种办法来培养朗诵的艺术，它再度提醒人们：诗歌根本上就是有赖于口语的活生生的声调而非印刷的文字的。

① 凯赛勒(Friedrich Kayssler，1874—1945)，德国剧作家。——译注

因此，我们愿意在每一个德国城市和较大的乡村将来都有一个倾向相同的文化朋友们的社团！我最喜欢把它命名为“歌德社团”(Goethegemeinde)。可能有人会反对说，这岂不被人理解为是和位于魏玛早已存在过的歌德学会(Goethegesse llschaft)及其无数的地方小组在进行不能容许的竞争吗？我希望不会的，因为它们的任务不同，而且谁也不应当有对歌德的垄断权。我可以想象并且希望着，在歌德学会和“歌德社团”的成员之间确实并不是一种组织上的而只是一种人与人之间的密切的和相互促进的关系。

落在那些“歌德社团”身上的重任是，通过嘹亮的声音把伟大的德国精神之最富生气的见证带到听众的心里，——向他们同时提供那永远是最崇高的音乐和诗歌。我们的需要，——那就是由于焚毁了那么多的图书馆、书店和出版社，使我们陷于缺乏书籍的困境，——是支持这个建议的。今天有谁还完整地拥有甚至仅仅是他心爱的书籍、他的全套的歌德、席勒等等呢？许多青年人也许将来可能是在“歌德社团”的一次定期音乐—诗歌欣赏会上，第一次接触到荷尔德林、莫里克、麦耶和里尔克[①]的不朽的诗篇；我们希望这些社团到处都作为一种固定的机构，——例如每个星期日的下午，假如有可能的话，甚至于就在教堂里。因为我们伟大的诗歌的宗教教基础就在辩护着，乃至在要求着它也应该是通过这样的象征式的方式而加以欣赏的。这样的欣赏会在开始和结束，应该总是由伟大的德国音乐，由巴哈、莫扎特、贝多芬、舒伯特、勃拉

① 荷尔德林(Friedrich Hölderlin，1770—1843)，莫里克(Edouard Morike，1804—1875)，里尔克(Rainer Maria Rilke，1875—1962)均为德国诗人。麦耶(Conrad Ferdinand Mayer，1825—1898)为以德文写作的瑞士诗人。——译注

姆斯等等加以升华。

抒情的和沉思的诗篇，这时就可以构成为这些欣赏会的内核。像是在歌德和莫里克的作品中登峰造极的那种绝妙的抒情诗，在那里面，灵魂就成为了自然，而自然也成为了灵魂；还有像歌德和席勒那些灵心善感的沉思的诗篇，——这些或许是我们德国文坛上最富于德国性的部分了。凡是浸沉于其中的人，都会在我们祖国的不幸和山河破碎之时，感受到某种永不破碎的东西、某种永不磨灭的德国特色。

在诗歌而外，德国的散文作品在这种欣赏会上也必须朗诵。我们可以设想有一本小小的“歌德社团手册”，其中包括有对于个别的欣赏会以及对于一般的各式各样组织节目都能适用的散文汇编。我在这里不拟进一步地描述这一切，以免先为每个个人自由的、创造性的活动定下调子。整个的构思，总的说来，必须是出自个人、出自个性、出自个别的少数人，他们首先在自己之间建立起这样的“歌德社团”，然后再自然而然地在这里发展出这种形式，在那里又发展出另一种形式。

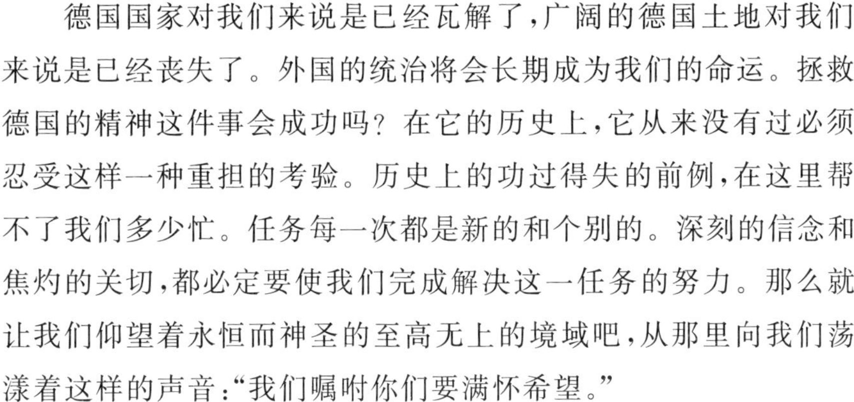

德国国家对我们来说是已经瓦解了，广阔的德国土地对我们来说是已经丧失了。外国的统治将会长期成为我们的命运。拯救德国的精神这件事会成功吗？在它的历史上，它从来没有过必须忍受这样一种重担的考验。历史上的功过得失的前例，在这里帮不了我们多少忙。任务每一次都是新的和个别的。深刻的信念和焦灼的关切，都必定要使我们完成解决这一任务的努力。那么就让我们仰望着永恒而神圣的至高无上的境域吧，从那里向我们荡漾着这样的声音：“我们嘱咐你们要满怀希望。”

图书在版编目(CIP)数据

德国的浩劫/(德)弗里德里希·迈内克著;何兆武译.—北京:商务印书馆,2017
(汉译世界学术名著丛书:120年纪念版:珍藏本)
ISBN 978-7-100-14081-2

Ⅰ.①德… Ⅱ.①弗… ②何… Ⅲ.①德意志第三帝国—史评 Ⅳ.①K516.44

中国版本图书馆CIP数据核字(2017)第140802号

汉译世界学术名著丛书
(120年纪念版·珍藏本)
德国的浩劫
〔德〕弗里德里希·迈内克 著
何兆武 译

商务印书馆出版
(北京王府井大街36号 邮政编码100710)
商务印书馆发行
北京通州皇家印刷厂印刷
ISBN 978-7-100-14081-2

2017年12月第1版 开本710×1000 1/16
2017年12月北京第1次印刷 印张11
定价:55.00元